中华人民共和国民法典
继 承 编
（实用版）

U1018822

中国法制出版社
CHINA LEGAL PUBLISHING HOUSE

■实用版

编辑说明

运用法律维护权利和利益，是读者选购法律图书的主要目的。法律文本单行本提供最基本的法律依据，但单纯的法律文本中的有些概念、术语，读者不易理解；法律释义类图书有助于读者理解法律的本义，但又过于繁杂、冗长。“实用版”法律图书至今已行销多年，因其实用、易懂的优点，成为广大读者理解、掌握法律的首选工具。

“实用版系列”独具五重使用价值：

1. **专业出版。**中国法制出版社是中央级法律类图书专业出版社，是国家法律、行政法规文本的权威出版机构。

2. **法律文本规范。**法律条文利用了本社法律单行本的资源，与国家法律、行政法规正式版本完全一致，确保条文准确、权威。

3. **条文解读详致。**本书中的【理解与适用】从庞杂的相互关联的法律条文以及全国人大常委会法制工作委员会等对条文的解读中精选、提炼而来；【典型案例指引】来自最高人民法院指导案例、公报、各高级人民法院判决书等，点出适用要点，展示解决法律问题的实例。

4. **附录实用。**书末收录经提炼的法律流程图、诉讼文书、办案常用数据等内容，帮助提高处理法律纠纷的效率。

5. **附赠电子版。**与本分册主题相关、因篇幅所限而未收录的相关文件、“典型案例指引”所涉及的部分重要案例全文，均制作成电子版文件。扫一扫封底“法规编辑部”即可免费获取。

需要说明的是，只有国家正式通过、颁布的法律文本才具有法律效力，书中【条文主旨】、【理解与适用】、【典型案例指引】、【实用附录】等内容，为编者方便读者阅读、理解而编写，仅供参考。

中国法制出版社

2025年11月

《中华人民共和国民法典继承编》理解与适用

继承制度是关于自然人死亡后财富传承的基本制度。继承法相关法律规范是财产法律制度中的一个组成部分。

1985 年 4 月 10 日，《中华人民共和国继承法》由第六届全国人民代表大会第三次会议通过，自 1985 年 10 月 1 日起施行。继承法是我国公民处理继承问题的准则，是人民法院正确、及时审理继承案件的依据。

继承法通过以来，随着人民群众生活水平不断提高，财产日益增多，因继承引发的纠纷也越来越多，情形也越来越复杂。根据我国社会家庭结构、继承观念等方面的发展变化，《中华人民共和国民法典》“继承编”（以下简称《民法典继承编》）修改完善了继承制度，以满足人民群众处理遗产的现实需要，促进家庭和睦，推进老龄事业和产业发展。《民法典继承编》从第 1119 条到第 1163 条，分一般规定、法定继承、遗嘱继承和遗赠、遗产的处理，共计四章 45 条。

与继承法相比，《民法典继承编》的主要内容有：

1. 关于一般规定。第六编第一章规定了继承制度的基本规则，重申了国家保护自然人的继承权，规定了继承的基本制度。在现行继承法的基础上，作了进一步完善：

一是增加规定相互有继承关系的数人在同一事件中死亡，且难以确定死亡时间的继承规则（第 1121 条第 2 款）。

二是增加规定对继承人的宽恕制度，对继承权法定丧失制度予以完善（第1125条第2款）。根据该款的规定，继承人有“遗弃被继承人，或者虐待被继承人情节严重”“伪造、篡改、隐匿或者销毁遗嘱，情节严重”以及“以欺诈、胁迫手段迫使或者妨碍被继承人设立、变更或者撤回遗嘱，情节严重”的行为，确有悔改表现，被继承人表示宽恕或者事后在遗嘱中将其列为继承人的，该继承人不丧失继承权，符合民法意思自治的基本原则。

2. 关于法定继承。法定继承是在被继承人没有对其遗产的处理立有遗嘱的情况下，继承人的范围、继承顺序等均按照法律规定确定的继承方式。第六编第二章规定了法定继承制度，明确了继承权男女平等原则，规定了法定继承人的顺序和范围，以及遗产分配的基本制度。同时，在现行继承法的基础上，完善代位继承制度，增加规定被继承人的兄弟姐妹先于被继承人死亡的，由被继承人的兄弟姐妹的子女代位继承（第1128条第2款）。

3. 关于遗嘱继承和遗赠。遗嘱继承是根据被继承人生前所立遗嘱处理遗产的继承方式。第六编第三章规定了遗嘱继承和遗赠制度，并在现行继承法的基础上，进一步修改完善了遗嘱继承制度：

一是增加了打印、录像等新的遗嘱形式（第1136条、第1137条），适应科学技术的发展需要。

二是修改了遗嘱效力规则，删除了现行继承法关于公证遗嘱效力优先的规定，切实尊重遗嘱人的真实意愿。

4. 关于遗产的处理。第六编第四章规定了遗产处理的程序和规则，并在现行继承法的基础上，进一步完善了有关遗产处理的制度：

一是增加遗产管理人制度。为确保遗产得到妥善管理、顺利分割，更好地维护继承人、债权人利益，增加规定了遗产管理人制度，明确了遗产管理人的产生方式、职责和权利等内容（第1145条至第1149条）。

二是完善遗赠扶养协议制度，适当扩大扶养人的范围，明确继承人以外的组织或者个人均可以成为扶养人，以满足养老形式多样化需求（第1158条）。

三是完善无人继承遗产的归属制度，明确归国家所有的无人继承遗产应当用于公益事业（第1160条），符合社会公众对无人继承又无人受遗赠遗产收归国有的后续立法规制的合理预期。

《最高人民法院关于适用〈中华人民共和国民法典〉继承编的解释（一）》于2020年12月25日由最高人民法院审判委员会第1825次会议通过，2020年12月29日公告公布，自2021年1月1日起施行。《最高人民法院关于贯彻执行〈中华人民共和国继承法〉若干问题的意见》根据2020年12月29日《最高人民法院关于废止部分司法解释及相关规范性文件的决定》废止。

目　录

中华人民共和国民法典继承编

实用核心法规

综　合

法定继承

遗嘱继承和遗赠

遗产的处理

最高人民法院关于办理涉夫妻债务纠纷案件有关工作的通知

（2018 年 2 月 7 日）

最高人民法院关于依法妥善审理涉及夫妻债务案件有关问题的通知

（2017 年 2 月 28 日）

司法部、中国银行业监督管理委员会关于在办理继承公证过程中查询被继承人名下存款等事宜的通知

（2013 年 3 月 19 日）

司法部律师公证工作指导司对《关于遗嘱公证能否因未录音或录像而被撤销的请示》的复函

（2001 年 12 月 12 日）

中华人民共和国民法典继承编

（2020年5月28日第十三届全国人民代表大会第三次会议通过　2020年5月28日中华人民共和国主席令第45号公布　自2021年1月1日起施行）

目　　录

第六编　继　　承

第一章　一般规定

第一千一百一十九条　继承编的调整范围[①]

本编调整因继承产生的民事关系。

① 条文主旨为编者所加，下同。

▶理解与适用

本条是关于继承编调整范围的规定。

《民法典》[①] 第124条规定，自然人依法享有继承权。自然人合法的私有财产，可以依法继承。

继承是指继承人对死者生前的财产权利和义务的承受，又称为财产继承，即自然人死亡时，其遗留的个人合法财产归死者生前在法定范围内指定的或者法定的亲属承受的民事法律关系。在继承法律关系中，生前享有的财产因其死亡而移转给他人的死者为被继承人，被继承人死亡时遗留的个人合法财产为遗产，依法承受被继承人遗产的法定范围内的人为继承人。以继承人继承财产的方式为标准，可以将继承分为遗嘱继承和法定继承，这是对继承的基本分类。

继承的法律特征如下：（1）继承因作为被继承人的自然人死亡而发生；（2）继承中的继承人与被继承人存在特定亲属身份关系；（3）继承是处理死者遗产的法律关系；（4）继承是继承人概括承受被继承人财产权利和义务的法律制度。

▶条文参见

《宪法》第13条；《妇女权益保障法》第58条

第一千一百二十条　继承权的保护

国家保护自然人的继承权。

▶理解与适用

本条是关于国家保护自然人继承权原则的规定。本条的法律依据是《宪法》第13条关于“国家依照法律规定保护公民的私有财产权和继承权”的规定。

这一基本原则包含两个方面的含义：（1）法律保护自然人

① 为便于阅读，本书中相关法律文件标题中的“中华人民共和国”字样都予以省略。

享有依法继承遗产的权利，任何人不得干涉；(2) 自然人的继承权受到他人非法侵害时，有权依照法律规定请求予以救济，国家以其强制力予以保护。

继承权是指自然人按照被继承人所立的合法有效遗嘱或法律的直接规定享有的继承被继承人遗产的权利。其法律特征是：(1) 在继承权的主体方面，继承权只能是自然人享有的权利。(2) 在取得根据方面，继承权是自然人依照合法有效的遗嘱或者法律的直接规定而享有的权利。(3) 继承权的客体是被继承人生前的财产权利。(4) 继承权的本质是独立的民事权利。

与继承法的规定相比，《民法典继承编》将继承相关条文中的“公民”改为了自然人，表述更科学。公民是一种政治上的身份，简单来说，就是具有某个国家国籍的人。有国籍后便享有公民权，可以参加国家政治生活。同一个人，在参加政治生活的时候被称为公民，在参加民事生活的时候被称为自然人。

▶条文参见

《宪法》第 13 条；《最高人民法院民事审判庭关于钱伯春能否继承和尚钱定安遗产的电话答复》；《最高人民法院复外交部领事司关于外侨的不动产继承问题的函》

第一千一百二十一条 继承的开始时间和死亡时间的推定

继承从被继承人死亡时开始。

相互有继承关系的数人在同一事件中死亡，难以确定死亡时间的，推定没有其他继承人的人先死亡。都有其他继承人，辈份不同的，推定长辈先死亡；辈份相同的，推定同时死亡，相互不发生继承。

▶理解与适用

本条是关于继承开始时间的规定。

对被继承人死亡时间的确定，包括自然死亡和宣告死亡两种死亡情形。

[自然死亡时间的确定]

司法实践中，对自然人的死亡确定，是以呼吸停止和心脏搏动停止为生理死亡的时间。自然人的死亡时间，以死亡证明记载的时间为准；没有死亡证明的，以户籍登记或者其他有效身份登记记载的时间为准；有其他证据足以推翻以上记载时间的，以该证据证明的时间为准。

[宣告死亡时间的确定]

宣告死亡的，根据《民法典》第48条规定确定的死亡日期，为继承开始的时间。即，人民法院宣告死亡的判决作出之日视为其死亡的日期；因意外事件下落不明宣告死亡的，意外事件发生之日视为其死亡的日期。

自然人下落不明满二年的，利害关系人可以向人民法院申请宣告该自然人为失踪人。自然人下落不明的时间自其失去音讯之日起计算，战争期间下落不明的，下落不明的时间自战争结束之日或者有关机关确定的下落不明之日起计算。自然人有下列情形之一的，利害关系人可以向人民法院申请宣告该自然人死亡：（1）下落不明满四年；（2）因意外事件，下落不明满二年。因意外事件下落不明，经有关机关证明该自然人不可能生存的，申请宣告死亡不受二年时间的限制。

被宣告死亡的人重新出现，经本人或者利害关系人申请，人民法院应当撤销死亡宣告。被撤销死亡宣告的人有权请求依照民法典继承编取得其财产的民事主体返还财产；无法返还的，应当给予适当补偿。

▶条文参见

《民事诉讼法》第34条；《最高人民法院关于适用〈中华人民共和国民法典〉继承编的解释（一）》（以下简称《民法典继承编解释》）第1条

第一千一百二十二条　遗产的范围

遗产是自然人死亡时遗留的个人合法财产。

依照法律规定或者根据其性质不得继承的遗产，不得继承。

▶理解与适用

本条是关于遗产范围的规定。

遗产范围是指被继承人在其死亡时遗留的可以作为遗产被继承人继承的财产范围。遗产包括死者遗留下来的财产和财产权利。遗产是继承权的客体，只存在于继承开始后到遗产处理结束之前这段时间内。

具体而言，遗产包括自然人的收入；房屋、储蓄和生活用品；林木、牲畜和家禽；文物、图书资料；法律允许公民所有的生产资料；著作权、专利权中的财产权利等个人合法财产。

此外，《保险法》第42条规定："被保险人死亡后，有下列情形之一的，保险金作为被保险人的遗产，由保险人依照《中华人民共和国继承法》的规定履行给付保险金的义务：（一）没有指定受益人，或者受益人指定不明无法确定的；（二）受益人先于被保险人死亡，没有其他受益人的；（三）受益人依法丧失受益权或者放弃受益权，没有其他受益人的。受益人与被保险人在同一事件中死亡，且不能确定死亡先后顺序的，推定受益人死亡在先。"

由国家或者集体组织供给生活费用的烈属和享受社会救济的自然人，其遗产仍应准许合法继承人继承。

本条规定的"依照法律规定不能继承的财产"，如国有资源的使用权，自然人可以依法取得和享有，但不得作为遗产继承，继承人要从事被继承人原来从事的事业，须取得国有资源使用权的，应当重新申请并经主管部门核准，不能基于继承权而当然取得。"根据其性质不得继承的财产"，如与自然人人身不可分离的具有抚恤、救济性质的财产权利，如抚恤金、补助金、残疾补助金、救济金、最低生活保障金等，专属于自然人个人，不能作为遗产由其继承人继承。

夫妻共同所有的财产，除有约定的外，遗产分割时，应当先将共同所有的财产的一半分出为配偶所有，其余的为被继承人的遗产。遗产在家庭共有财产之中的，遗产分割时，应当先分出他人的财产。

▶条文参见

《民法典继承编解释》第2、39条；《公司法》第75条；《保险法》第42条；《合伙企业法》第50条；《个人独资企业法》第17条；《最高人民法院关于空难死亡赔偿金能否作为遗产处理的复函》；《最高人民法院关于产权人生前已处分的房屋死后不宜认定为遗产的批复》；《最高人民法院民事审判庭关于盲人刘春和生前从事“算命”所积累的财产死后可否视为非法所得加以没收的电话答复》；《最高人民法院关于父母的房屋遗产由兄弟姐妹中一人领取了房屋产权证并视为己有发生纠纷应如何处理的批复》；《最高人民法院关于冯钢百遗留的油画等应如何处理的批复》；《最高人民法院民事审判庭关于招远县陆许氏遗产应由谁继承的电话答复》；《最高人民法院关于高原生活补助费能否作为夫妻共同财产继承的批复》；《最高人民法院关于对遗产中文物如何处理问题的批复》；《住房公积金管理条例》第24条第3款

▶典型案例指引

1. 路某某与某出版社等侵犯著作权纠纷案（北京市高级人民法院〔2006〕高民终字第780号）

案件适用要点：（1）被继承人死亡后，其著作权中的财产权利属于遗产范围。（2）被继承人死亡后，其著作权中的财产权利依法由其继承人共同所有。

2. 李某祥诉李某梅继承权纠纷案（《中华人民共和国最高人民法院公报》2009年第12期）

案件适用要点： 根据《农村土地承包法》第15条的规定，农村土地家庭承包的，承包方是本集体经济组织的农户，其本质特征是以本集体经济组织内部的农户家庭为单位实行农村土地承包经营。家庭承包方式的农村土地承包经营权属于农户家庭，而不属于某一个家庭成员。除林地外的家庭承包，当承包农地的农户家庭中的一人或几人死亡，承包经营仍然是以户为单位，承包地仍由该农户的其他家庭成员继续承包经营；当承包经营农户家庭的成员全部死亡，由于承包经营权的取得是以集体成员权为基础，该土地承包经营权归于消灭，不能由该农户家庭成员的继承人继续承包经营，更不能作为该农户家庭成员的遗产处理。

3. 周某与赵某等房屋租赁合同纠纷案（北京市第三中级人民法院〔2014〕三中民终字第09703号）

案件适用要点： 出租人出卖租赁房屋的，应当在出卖之前的合理期限内通知承租人，承租人享有以同等条件优先购买的权利。但是，房屋共有人行使优先购买权或者出租人将房屋出卖给近亲属的除外。承租人优先购买权是基于租赁关系产生的专属于承租人的权利，不能单独转让或继承。

4. 马某1与马某3等法定继承纠纷案（〔2020〕京民申1736号）

案件适用要点： 诉争房屋为张某、马某4的遗产，虽曾过户至马某1夫妇名下，但过户所依据的合同已被确认无效，故仍为遗产，应当依法在马某2、马某1与马某3之间分割。

第一千一百二十三条 法定继承、遗嘱继承、遗赠和遗赠扶养协议的效力

继承开始后，按照法定继承办理；有遗嘱的，按照遗嘱继承或者遗赠办理；有遗赠扶养协议的，按照协议办理。

▶理解与适用

本条是关于法定继承、遗嘱继承、遗赠、遗赠扶养协议关系的规定。它们之间的继承顺序是：遗赠扶养协议＞遗嘱继承、遗赠＞法定继承。遗嘱继承优先于法定继承：当被继承人留有有效遗嘱的，遗嘱继承排斥法定继承，按照被继承人的遗嘱进行继承；被继承人生前与他人订有遗赠扶养协议，同时又立有遗嘱的，继承开始后，如果遗赠扶养协议与遗嘱没有抵触，遗产分别按协议和遗嘱处理；如果有抵触，按协议处理，与协议抵触的遗嘱全部或者部分无效。

［法定继承］

法定继承是指被继承人死亡时没有留下遗嘱，其个人合法遗产的继承由法律规定的继承人范围、顺序和分配原则进行遗产继承的一种继承方式。

［遗嘱继承］

遗嘱继承与法定继承相对称，是指遗嘱中所指定的继承人，根据遗嘱对其应当继承的遗产种类、数额等规定，继承被继承人遗产的一种继承方式。

［遗赠］

遗赠是指公民以遗嘱方式将个人财产赠与国家、集体或法定继承人以外的人，于其死亡时发生法律效力的民事行为。立遗嘱的自然人为遗赠人，接受遗赠的人为受遗赠人。

［遗赠扶养协议］

遗赠扶养协议是指遗赠人和扶养人为明确相互间遗赠和扶养的权利义务关系所订立的协议。需要他人扶养，并愿意将自己的个人财产全部或部分遗赠给扶养人的为遗赠人；对遗赠人尽生养死葬义务并接受遗赠的人为扶养人。

▶条文参见

《民法典》第1042条；《司法部关于在部分公证处开展要素式公证书格式试点工作的通知》；《民法典继承编解释》第3条

▶**典型案例指引**

张某等诉杨某继承纠纷案（2016 年 3 月 10 日最高人民法院公布 10 起弘扬社会主义核心价值观典型案例）

案件适用要点：“远亲不如近邻”。邻里关系是人们生活中的重要关系，邻里之间互帮互助，是我国社会的优良传统和善良风俗。倡导、培育和维护良好的邻里关系，是互相关照、互相理解、和谐相处的社区建设的重要内容。本案中，杨某的父亲长期受到张某夫妇及其儿子的照顾，杨某的父亲将其房产遗赠给张某的儿子，于法有据，于情合理，人民法院依法予以支持。

第一千一百二十四条 继承和遗赠的接受和放弃

继承开始后，继承人放弃继承的，应当在遗产处理前，以书面形式作出放弃继承的表示；没有表示的，视为接受继承。

受遗赠人应当在知道受遗赠后六十日内，作出接受或者放弃受遗赠的表示；到期没有表示的，视为放弃受遗赠。

▶**理解与适用**

本条是关于接受继承和放弃继承的规定。

以继承人承担有限责任为原则，民法典不认可继承权的单纯承认，即限定承认方式，其效力主要体现在以下三个方面：(1) 继承人参与继承法律关系，取得继承既得权，可以实际参与继承法律关系，对遗产进行占有、管理，并有权请求分割遗产。(2) 继承人仅需以因继承所得的财产为限，对全部遗产债务承担清偿责任。(3) 继承人固有财产与遗产分离，各自享有独立的法律地位。

继承权放弃是指继承人不接受被继承人遗产的意思表示，该意思表示应当在继承开始后、遗产处理前的这段时间里作出，且必须以书面形式向遗产管理人或者其他继承人表示。

对于继承权的承认或者放弃，规则是：继承开始后，继承人放弃继承的，应当在遗产分割前，以书面形式作出放弃继承的表示。没有表示的，视为接受继承。遗产分割后表示放弃的不再是继承权，而是所有权。遗产处理前或者在诉讼进行中，继承人对放弃继承反悔的，由人民法院根据其提出的具体理由，决定是否承认。遗产处理后，继承人对放弃继承反悔的，不予承认。放弃继承的效力，追溯到继承开始的时间。在诉讼中，继承人向人民法院以口头方式表示放弃继承的，要制作笔录，由放弃继承的人签名。继承人因放弃继承权，致其不能履行法定义务的，放弃继承权的行为无效。夫妻一方以另一方可继承的财产为夫妻共同财产、放弃继承侵害夫妻共同财产利益为由主张另一方放弃继承无效的，人民法院不予支持，但有证据证明放弃继承导致放弃一方不能履行法定扶养义务的除外。

对于遗赠，承认或者放弃的规则是：受遗赠人应当在知道受遗赠后60日内，作出接受或者放弃受遗赠的表示。到期没有表示的，视为放弃受遗赠。继承开始后，受遗赠人表示接受遗赠，并于遗产分割前死亡的，其接受遗赠的权利转移给他的继承人。

▶条文参见

《民法典》第230条；《民法典继承编解释》第32－38条；《最高人民法院关于适用〈中华人民共和国民法典〉婚姻家庭编的解释（二）》第11条

第一千一百二十五条 继承权的丧失

继承人有下列行为之一的，丧失继承权：

（一）故意杀害被继承人；

（二）为争夺遗产而杀害其他继承人；

（三）遗弃被继承人，或者虐待被继承人情节严重；

（四）伪造、篡改、隐匿或者销毁遗嘱，情节严重；

（五）以欺诈、胁迫手段迫使或者妨碍被继承人设立、变更或者撤回遗嘱，情节严重。

继承人有前款第三项至第五项行为，确有悔改表现，被继承人表示宽恕或者事后在遗嘱中将其列为继承人的，该继承人不丧失继承权。

受遗赠人有本条第一款规定行为的，丧失受遗赠权。

▶理解与适用

本条是关于继承权的丧失及宽宥、受遗赠权的丧失的规定。在遗产继承中，继承人之间因是否丧失继承权发生纠纷，向人民法院提起诉讼的，由人民法院依据本条的规定，判决确认其是否丧失继承权。

［故意杀害被继承人］

继承人故意杀害被继承人的，不论是既遂还是未遂，均应当确认其丧失继承权。继承人有本条第1款第1项或者第2项所列之行为，即故意杀害被继承人或为争夺遗产而杀害其他继承人，而被继承人以遗嘱将遗产指定由该继承人继承的，可以确认遗嘱无效，并确认该继承人丧失继承权。

［为争夺遗产而杀害其他继承人］

这是指继承人中的一人或数人出于争夺遗产的动机，而杀害居于其之前或者与其处于同一继承顺序的其他继承人，或者杀害被继承人在遗嘱中指定的继承人。实施杀害行为的继承人误认为后一顺序的继承人会妨碍他继承全部遗产而杀害了后一顺序继承人，也丧失继承权。

［遗弃被继承人的，或者虐待被继承人情节严重］

遗弃被继承人是指继承人对被继承人故意不尽扶养义务，而使被继承人处于危难或困境中。但是，应将遗弃行为同继承人因为继承人的错误而与之分居或来往不密切严格区分开来。

虐待是指对共同生活的家庭成员经常地进行精神上和肉体

上的折磨、摧残，如经常打骂、冻饿、禁闭、有病不给治疗、强迫从事过度体力劳动等。是否符合“虐待被继承人情节严重”，可以从实施虐待行为的时间、手段、后果和社会影响等方面认定。虐待被继承人情节严重的，不论是否追究刑事责任，均可确认其丧失继承权。

[伪造、篡改或者销毁遗嘱，情节严重]

继承人实施这类行为多是从利己的目的出发，为使自己多得或者独得遗产，而侵害其他继承人的合法利益。伪造遗嘱是指被继承人本来没有立遗嘱而继承人故意以被继承人名义制作假遗嘱，或者被继承人本来有遗嘱，继承人将其销毁或者隐匿后又另造假遗嘱。篡改遗嘱是指继承人故意改变遗嘱的内容。销毁遗嘱是指继承人故意将遗嘱毁灭。继承人实施了伪造、篡改、销毁遗嘱的行为，并且情节严重的，丧失继承权。

继承人伪造、篡改、隐匿或者销毁遗嘱，侵害了缺乏劳动能力又无生活来源的继承人的利益，并造成其生活困难的，应当认定为本条第1款第4项规定的“情节严重”。

[以欺诈或者胁迫手段迫使或妨碍被继承人设立、变更或撤销遗嘱，情节严重]

这种行为比较多见，须具有情节严重的要件。

[继承权宽宥]

以法定继承权的丧失为前提，宽宥特指被继承人在情感上对继承人的故意或过失行为的谅解或者宽恕。本条第2款规定，遗弃被继承人的，或者虐待被继承人情节严重的，或者伪造、篡改、隐匿或者销毁遗嘱，情节严重的，或者以欺诈、胁迫手段迫使或者妨碍被继承人设立、变更或者撤回遗嘱，情节严重的，确有悔改表现，被继承人表示宽恕或者事后在遗嘱中将其列为继承人的，即宽宥，该继承人恢复继承权。宽宥作为被继承人的单方意思表示，不需要相对方即继承人做出任何意思表示便产生法律效力。

▶条文参见

《民法典继承编解释》第5－9条

▶典型案例指引

高某乙诉高小某法定继承纠纷案（2024年12月12日最高人民法院发布继承纠纷典型案例（第二批））

案件适用要点：孝敬父母，是我国传统美德的重要组成部分。赡养义务不因父母有收入、身体状况良好而免除。本案中，高小某三十余年对父母没有任何赡养行为，法院认定其行为构成遗弃，并判决其丧失继承权，对其行为作出了否定性评价。

第二章　法定继承

第一千一百二十六条　继承权男女平等原则

继承权男女平等。

▶理解与适用

本条是关于继承权男女平等原则的规定。

在法定继承中，继承权男女平等，是继承权平等原则的核心和基本表现。继承权男女平等的含义是：（1）男女具有平等的继承权，不因性别差异而有所不同。（2）夫妻在继承上有平等的权利，有相互继承遗产的权利，如夫妻一方死亡后另一方再婚的，有权处分所继承的财产，任何人不得干涉。（3）在继承人的范围和法定继承的顺序上，男女亲等相同，父系亲与母系亲平等。（4）在代位继承中，男女有平等的代位继承权，适用于父系的代位继承，同样适用于母系。

▶条文参见

《宪法》第49条；《妇女权益保障法》第58－59条

第一千一百二十七条 继承人的范围及继承顺序

遗产按照下列顺序继承：

（一）第一顺序：配偶、子女、父母；

（二）第二顺序：兄弟姐妹、祖父母、外祖父母。

继承开始后，由第一顺序继承人继承，第二顺序继承人不继承；没有第一顺序继承人继承的，由第二顺序继承人继承。

本编所称子女，包括婚生子女、非婚生子女、养子女和有扶养关系的继子女。

本编所称父母，包括生父母、养父母和有扶养关系的继父母。

本编所称兄弟姐妹，包括同父母的兄弟姐妹、同父异母或者同母异父的兄弟姐妹、养兄弟姐妹、有扶养关系的继兄弟姐妹。

▶理解与适用

本条是关于法定继承顺序的规定。

本条规定了两个继承顺序：

1. 配偶、子女、父母为第一顺序法定继承人。其中，配偶是指因合法的婚姻关系而确立夫妻身份的男女双方；子女包括婚生子女、非婚生子女、养子女、有扶养关系的继子女；父母，包括生父母、养父母和有扶养关系的继父母。丧偶儿媳对公婆，丧偶女婿对岳父母尽了主要赡养义务的，作为第一顺序继承人。

被收养人对养父母尽了赡养义务，同时又对生父母扶养较多的，除可以依照本条规定继承养父母的遗产外，还可以依照第 1131 条的规定分得生父母适当的遗产。

继子女继承了继父母遗产的，不影响其继承生父母的遗产。继父母继承了继子女遗产的，不影响其继承生子女的遗产。

2. 兄弟姐妹、祖父母、外祖父母为第二顺序法定继承人。

其中，兄弟姐妹包括同父母的兄弟姐妹、同父异母或者同母异父的兄弟姐妹、养兄弟姐妹、有扶养关系的继兄弟姐妹。

养子女与生子女之间、养子女与养子女之间，系养兄弟姐妹，可以互为第二顺序继承人。被收养人与其亲兄弟姐妹之间的权利义务关系，因收养关系的成立而消除，不能互为第二顺序继承人。

继兄弟姐妹之间的继承权，因继兄弟姐妹之间的扶养关系而发生。没有扶养关系的，不能互为第二顺序继承人。继兄弟姐妹之间相互继承了遗产的，不影响其继承亲兄弟姐妹的遗产。

▶条文参见

《民法典》第1070、1071条；《老年人权益保障法》第22条；《民法典继承编解释》第10－13条

▶典型案例指引

邹某蕾诉高某某、孙某、陈某法定继承纠纷案（《最高人民法院公报》2020年第6期）

案件适用要点： 离婚中，作为继父母的一方对受其抚养教育的继子女，明确表示不继续抚养的，应视为继父母与继子女关系自此协议解除。继父母去世时，已经解除关系的继子女以符合继承法中规定的“具有抚养关系的继子女”情形为由，主张对继父母遗产进行法定继承的，人民法院不予支持。

第一千一百二十八条　代位继承

被继承人的子女先于被继承人死亡的，由被继承人的子女的直系晚辈血亲代位继承。

被继承人的兄弟姐妹先于被继承人死亡的，由被继承人的兄弟姐妹的子女代位继承。

代位继承人一般只能继承被代位继承人有权继承的遗产份额。

▶理解与适用

本条是关于代位继承的规定。

代位继承是指被继承人的子女先于被继承人死亡时，由被继承人的继承人的晚辈直系血亲代替先死亡的被继承人的子女继承被继承人遗产的一项法定继承制度，又称为间接继承。先于被继承人死亡的继承人，叫作被代位继承人，简称被代位人。代替被代位人继承遗产的人，叫作代位继承人，简称代位人。代位人代替被代位人继承遗产的权利，叫作代位继承权。

本条规定了两种代位继承：一是被继承人的子女的直系晚辈血亲的代位继承；二是被继承人的兄弟姐妹的子女的代位继承。代位继承产生的法律效力，主要为代位人可以继承被代位人的应继份，即被代位人有权继承的遗产份额。

被继承人的孙子女、外孙子女、曾孙子女、外曾孙子女都可以代位继承，代位继承人不受辈数的限制。

被继承人的养子女、已形成扶养关系的继子女的生子女可以代位继承；被继承人亲生子女的养子女可以代位继承；被继承人养子女的养子女可以代位继承；与被继承人已形成扶养关系的继子女的养子女也可以代位继承。

代位继承人缺乏劳动能力又没有生活来源，或者对被继承人尽过主要赡养义务的，分配遗产时，可以多分。

继承人丧失继承权的，其晚辈直系血亲不得代位继承。如该代位继承人缺乏劳动能力又没有生活来源，或者对被继承人尽赡养义务较多的，可以适当分给遗产。

▶条文参见

《民法典继承编解释》第 14－18 条

▶典型案例指引

贾某一、张某诉贾某二、贾某三继承纠纷案（2024 年 12 月 3 日最高法发布继承纠纷典型案例（第一批））

案件适用要点：《民法典》在原有被继承人子女的直系晚

辈血亲代位继承的基础上新增被继承人兄弟姐妹的子女代位继承的规定，扩大了法定继承人的范围，可以保障财产在家族内部的传承，减少产生无人继承的情况，同时促进亲属关系的发展，鼓励亲属间养老育幼、相互扶助。

第一千一百二十九条 丧偶儿媳、女婿的继承权

丧偶儿媳对公婆，丧偶女婿对岳父母，尽了主要赡养义务的，作为第一顺序继承人。

▶理解与适用

本条是关于丧偶儿媳、丧偶女婿作为第一顺序继承人的规定。

对被继承人生活提供了主要经济来源，或者在劳务等方面给予了主要扶助的，应当认定其尽了主要赡养义务或主要扶养义务。

另外，丧偶儿媳对公婆、丧偶女婿对岳父母，无论其是否再婚，依照第1129条规定作为第一顺序继承人时，不影响其子女代位继承。

▶条文参见

《民法典继承编解释》第18、19条；《妇女权益保障法》第59条

第一千一百三十条 遗产分配规则

同一顺序继承人继承遗产的份额，一般应当均等。

对生活有特殊困难又缺乏劳动能力的继承人，分配遗产时，应当予以照顾。

对被继承人尽了主要扶养义务或者与被继承人共同生活的继承人，分配遗产时，可以多分。

有扶养能力和有扶养条件的继承人，不尽扶养义务的，分配遗产时，应当不分或者少分。

继承人协商同意的，也可以不均等。

▶理解与适用

本条是关于同一顺序法定继承人分割遗产方法的规定。

法定继承人分割遗产的具体方法是：

（1）同一顺序继承人之间遗产应当均等分配。这是对同一顺序继承人的继承权的平等保护。同一顺序的法定继承人的法律地位是平等的，不分男女老幼，不论是有血缘关系还是拟制的血缘关系，都平等地享有继承被继承人遗产的权利，并应该均等地获得遗产。

（2）对生活有特殊困难又缺乏劳动能力的继承人，应当予以适当照顾，适当多分。

（3）对被继承人尽了主要扶养义务或者与被继承人共同生活的继承人，可以多分财产。继承人有扶养能力和扶养条件，愿意尽扶养义务，但被继承人因有固定收入和劳动能力，明确表示不要求其扶养的，分配遗产时，一般不应因此而影响其继承份额。有扶养能力和扶养条件的继承人虽然与被继承人共同生活，但对需要扶养的被继承人不尽扶养义务，分配遗产时，可以少分或者不分。

（4）对于有扶养能力和扶养条件却不尽扶养义务的继承人，可以不分或者少分。

（5）各继承人协商同意不均等分割的，也可以不均等分割。

遗嘱继承人依遗嘱取得遗产后，仍有权依照本条的规定取得遗嘱未处分的遗产。

人民法院对故意隐匿、侵吞或者争抢遗产的继承人，可以酌情减少其应继承的遗产。

▶条文参见

《民法典继承编解释》第4、20－23条；《老年人权益保障法》第13－24条

▶典型案例指引

孙某与陈某2等分家析产纠纷案（〔2020〕京民申1071号）

案件适用要点：同一顺序继承人继承遗产的份额，一般应当均等。陈某3、宗某较为长期与陈某6共同生活，与陈某1一并对被继承人之赡养尽到较为主要的义务，故在分割被继承人财产时适当予以多分。因陈某2所尽赡养义务较少，故在分割被继承人遗产时，对其分得的继承份额适当予以减少。

第一千一百三十一条 酌情分得遗产权

对继承人以外的依靠被继承人扶养的人，或者继承人以外的对被继承人扶养较多的人，可以分给适当的遗产。

▶理解与适用

本条是关于酌分遗产的规定。

可以酌分遗产的人有两种：（1）对继承人以外的依靠被继承人扶养的人。（2）继承人以外的对被继承人扶养较多的人。

养子女对其生父母若尽了主要赡养义务的，可以依据这一规定适当分得其生父母的遗产。

依照民法典本条规定可以分给适当遗产的人，分给他们遗产时，按具体情况可以多于或者少于继承人。

依照本条规定可以分给适当遗产的人，在其依法取得被继承人遗产的权利受到侵犯时，本人有权以独立的诉讼主体资格向人民法院提起诉讼。

▶条文参见

《民法典继承编解释》第10、20、21、41条；《最高人民法院关于毛玉堂与毛新国的收养关系能否成立的复函》；《最高人民法院关于对从香港调回的被继承人的遗产如何处理的函》；《最高人民法院关于林泽莘等诉林丛析产纠纷案的复函》；《办理继承公证的指导意见》

▶典型案例指引

高某翔诉高甲、高乙、高丙继承纠纷案——自愿赡养老人继承遗产案（2020年5月13日最高人民法院发布人民法院大力弘扬社会主义核心价值观十大典型民事案例）

案件适用要点：遗产继承处理的不仅是当事人之间的财产关系，还关系到家庭伦理和社会道德风尚，继承人应当本着互谅互让、和睦团结的精神消除误会，积极修复亲情关系，共促良好家风。本案中，高某翔虽然没有赡养祖父母的法定义务，但其能专职侍奉生病的祖父母多年直至老人病故，是良好社会道德风尚的具体体现，应当予以鼓励。本案裁判结合继承法的规定对高某翔的赡养行为给予高度肯定，确定了其作为非法定继承人享有第一顺位的继承权利，并结合其赡养行为对高某翔适当继承遗产的范围进行合理认定，实现了情理法的有机融合，弘扬了团结友爱、孝老爱亲的中华民族传统美德。

第一千一百三十二条　继承的处理方式

继承人应当本着互谅互让、和睦团结的精神，协商处理继承问题。遗产分割的时间、办法和份额，由继承人协商确定；协商不成的，可以由人民调解委员会调解或者向人民法院提起诉讼。

▶理解与适用

本条是关于确定处理继承方法的规定。

人民调解委员会是在基层人民政府和基层人民法院指导下，调解民间纠纷的群众性组织，并依照法律规定，根据自愿原则进行调解。当事人对调解达成的协议应当履行；不愿调解、调解不成或者反悔的，可以向人民法院起诉。

▶条文参见

《民事诉讼法》第34条；《最高人民法院关于适用〈中华人民共和国民事诉讼法〉的解释》第70条；《人民调解法》；

《最高人民法院关于产权人生前已处分的房屋死后不宜认定为遗产的批复》

►典型案例指引

严某泰等诉严某平等继承纠纷案（2013 年 1 月 10 日最高人民法院关于印发全国法院优秀调解案例的通知）

案件适用要点：本案是因继承遗产而引发的典型家庭纠纷。被继承人是上海当地名人，继承人人数众多且分居世界各地，矛盾重重，纷争已久，办理难度很大。本案的成功调解，对人民法院审理继承等家庭案件具有很好的示范作用：一是立足亲情，准确寻找调解突破口。法院从亲情着手，耐心释法引导，唤起其对和睦家庭的回忆和向往，并借助当事人的亲戚做说服教育工作，以亲情感化了各方当事人，消除了各方之间的对立，为调解成功奠定了坚实的基础。二是找准调解难点，创新调解方法。法院准确把握确定继承份额和巨额不动产遗产案变现分配两个难点，创新地采取继承人内部竞价的方式成功变现了房屋，确保了调解成功。三是最大限度实现当事人权益。法院调解化解纠纷，既实现了当事人的继承权利，更维护了亲情和家庭和睦这一更高的“利益”，同时弘扬了“和为贵”的家庭伦理和社会价值。

第三章　遗嘱继承和遗赠

第一千一百三十三条　遗嘱处分个人财产

自然人可以依照本法规定立遗嘱处分个人财产，并可以指定遗嘱执行人。

自然人可以立遗嘱将个人财产指定由法定继承人中的一人或者数人继承。

自然人可以立遗嘱将个人财产赠与国家、集体或者法定继承人以外的组织、个人。

自然人可以依法设立遗嘱信托。

►理解与适用

本条是关于遗嘱继承的一般规定。

遗嘱继承是指于继承开始后，继承人按照被继承人合法有效的遗嘱，继承被继承人遗产的继承方式。遗嘱是遗嘱人生前按照自己的意思和想法处分自己财产的行为，体现的是遗嘱人的真实意志。生前立有遗嘱的被继承人称为遗嘱人或立遗嘱人，依照遗嘱的指定享有遗产继承权的人为遗嘱继承人。遗嘱继承所指向的客体为被继承人指定的遗产份额。

自然人可以依照民法典的规定，用立遗嘱的方法，处分个人在死后的遗产，并且可以指定遗嘱执行人，由遗嘱执行人执行自己的遗嘱。在遗嘱中，可以将个人死后的遗产指定由法定继承人中的一人或者数人继承。自然人也可以立遗嘱将个人财产赠给国家、集体或者法定继承人以外的人，即遗赠。设立遗赠也使其他继承人丧失或者部分丧失继承被继承人遗产的权利。

►条文参见

《信托法》第13条；《最高人民法院关于向美琼、熊伟浩、熊萍与张凤霞、张旭、张林录、冯树义执行遗嘱代理合同纠纷一案的请示的复函》；《最高人民法院关于强毓芬等诉强锡麟继承一案的函》；《最高人民法院关于继承开始时继承人未表示放弃继承遗产又未分割的可按析产案件处理的批复》；《最高人民法院关于中国公民接受外侨遗赠法律程序问题的批复》；《最高人民法院关于冯钢百遗留的油画等应如何处理的批复》；《最高人民法院关于财产共有人立遗嘱处分自己的财产部分有效处分他人的财产部分无效的批复》；《最高人民法院关于对分家析产

的房屋再立遗嘱变更产权，其遗嘱是否有效的批复》；《最高人民法院关于张阿凤遗嘱公证部分有效问题的批复》

▶典型案例指引

向某琼等人诉张某霞等人执行遗嘱代理协议纠纷案（《最高人民法院公报》2004年第1期）

案件适用要点：遗嘱执行人在遗嘱人没有明确其执行遗嘱所得报酬的情况下，与继承人就执行遗嘱相关事项自愿签订代理协议，并按照协议约定收取遗嘱执行费，不属于《律师法》第34条（现行2017年修正版中为第39条）禁止的律师在同一案件中为双方当事人代理的情形，应认定代理协议有效。

第一千一百三十四条 自书遗嘱

自书遗嘱由遗嘱人亲笔书写，签名，注明年、月、日。

▶理解与适用

本条是关于自书遗嘱的规定。

遗嘱有六种表现形式：自书遗嘱；代书遗嘱；打印遗嘱；录音录像遗嘱；口头遗嘱；公证遗嘱。

遗嘱人自己书写的遗嘱，称为自书遗嘱。自书遗嘱应当由遗嘱人亲笔书写，签名，注明年、月、日。需要注意的是，根据《民法典继承编解释》第27条的规定，自然人在遗书中涉及死后个人财产处分的内容，确为死者的真实意思表示，有本人签名并注明了年、月、日，又无相反证据的，可以按自书遗嘱对待。自书遗嘱不需要证人就当然地具有遗嘱的效力，这一点不同于代书遗嘱需要证人来证明。

第一千一百三十五条 代书遗嘱

代书遗嘱应当有两个以上见证人在场见证，由其中一人代书，并由遗嘱人、代书人和其他见证人签名，注明年、月、日。

▶理解与适用

本条是关于代书遗嘱的规定。

代书遗嘱是由他人代笔书写的遗嘱。代书遗嘱通常是在遗嘱人不会写字或因病不能写字的情况下不得已而为之的。

代书遗嘱须符合以下要求：(1) 须由遗嘱人口授遗嘱内容，并由一个见证人代书。(2) 须有两个以上见证人在场见证。(3) 须代书人、其他见证人和遗嘱人在遗嘱上签名，并注明年、月、日。

▶条文参见

《司法部公证律师司对〈关于香港居民为处理在港财产所立代书遗嘱应如何处理的请示〉的批复》

▶典型案例指引

何甲等与何乙等继承纠纷上诉案（广东省广州市中级人民法院〔2008〕穗中法民一终字第1814号）

案件适用要点：代书遗嘱违反应当有两个以上见证人在场见证的规定，应属无效。

第一千一百三十六条 打印遗嘱

打印遗嘱应当有两个以上见证人在场见证。遗嘱人和见证人应当在遗嘱每一页签名，注明年、月、日。

▶理解与适用

本条是关于打印遗嘱的规定。

打印遗嘱是指遗嘱人通过电脑制作，用打印机打印出来的遗嘱。

打印遗嘱有效的要件是：(1) 遗嘱为电脑制作、打印机打印出来的文本形式。(2) 打印遗嘱应当有两个以上见证人在场见证，并在打印遗嘱文本的每一页都签名。(3) 遗嘱人在遗嘱文本的每一页都签名。(4) 注明年、月、日。具备这些要件，打印遗嘱发生遗嘱效力。

第一千一百三十七条　录音录像遗嘱

以录音录像形式立的遗嘱，应当有两个以上见证人在场见证。遗嘱人和见证人应当在录音录像中记录其姓名或者肖像，以及年、月、日。

▶理解与适用

本条是关于录音录像遗嘱的规定。

录音录像遗嘱，是一种新型的遗嘱方式，是指以录音或者录像方式录制下来的遗嘱人的口述遗嘱，其实就是视听遗嘱。录音录像遗嘱应当符合下列要件：（1）有两个以上见证人在场见证，见证人应当把各自的姓名、性别、年龄、籍贯、职业、所在工作单位和家庭住址等基本情况予以说明。（2）由遗嘱人亲自叙述遗嘱的内容，内容应当具体，对有关财产的处分，应当说明财产的基本情况，说明财产归什么人承受。（3）遗嘱人、见证人将有关视听资料封存，并签名、注明日期，以确定遗嘱的订立时间。（4）当众开启录音录像遗嘱，在继承开始后，在参加制作遗嘱的见证人和全体继承人到场的情况下，当众启封，维护录音录像遗嘱的真实性。具备这些要件的录音录像遗嘱，发生法律效力。

▶条文参见

《司法部律师公证工作指导司对〈关于遗嘱公证能否因未录音或录像而被撤销的请示〉的复函》

第一千一百三十八条　口头遗嘱

遗嘱人在危急情况下，可以立口头遗嘱。口头遗嘱应当有两个以上见证人在场见证。危急情况消除后，遗嘱人能够以书面或者录音录像形式立遗嘱的，所立的口头遗嘱无效。

▶理解与适用

本条是关于口头遗嘱的规定。

口头遗嘱是由遗嘱人口头表达并不以任何方式记载的遗嘱。口头遗嘱完全靠见证人表述证明，极其容易发生纠纷。因此，法律规定遗嘱人只能在危急的情况下才可以立口头遗嘱，并且必须有两个以上见证人在场见证。危急情况消除后，遗嘱人能够以书面或者录音录像形式立遗嘱的，所立的口头遗嘱无效。

第一千一百三十九条 公证遗嘱

公证遗嘱由遗嘱人经公证机构办理。

▶理解与适用

本条是关于公证遗嘱的规定。

公证遗嘱是指通过法律规定的公证形式订立的，有关订立程序和形式都由法律规定的遗嘱。根据我国《公证法》第2条的规定，公证是公证机构根据自然人、法人或者其他组织的申请，依照法定程序对民事法律行为、有法律意义的事实和文书的真实性、合法性予以证明的活动。公证遗嘱是最严格的遗嘱方式，公证遗嘱具有很强的证据效力和证明效力。

公证遗嘱与遗嘱公证不同，遗嘱公证是公证处按照法定程序证明遗嘱人设立遗嘱行为真实、合法的活动。经公证证明的遗嘱为公证遗嘱。

公证遗嘱的办理要求如下：(1) 遗嘱人应当亲自到公证处提出申请。遗嘱人亲自到公证处有困难的，可以书面或者口头形式请求有管辖权的公证处指派公证人员到其住所或者临时处所办理。(2) 遗嘱公证应当由两名公证人员共同办理，由其中一名公证员在公证书上署名。因特殊情况由一名公证员办理时，应当有一名见证人在场，见证人应当在遗嘱和笔录上签名。(3) 遗嘱人提供的遗嘱，无修改、补充的，遗嘱人应当在公证人员面前确认遗嘱内容、签名及签署日期属实。遗嘱人提供的遗嘱或者遗嘱草稿，有修改、补充的，经整理、誊清后，应当交遗嘱人核对，并由其签名。遗嘱人未提供遗嘱或者遗嘱草稿的，公证人员可以根据遗嘱人的意思表示代为起草遗嘱。公证人员代拟的遗嘱，应当交遗嘱人核对，并由其签名。（4）公证员遵守回避的规定，依法作出公证。

公证遗嘱生效后，与继承权益相关的人员有确凿证据证明公证遗嘱部分违法的，公证处应当予以调查核实；经调查核实，公证遗嘱部分内容确属违法的，公证处应当撤销对公证遗嘱中违法部分的公证证明。因公证人员过错造成错证的，公证处应当承担赔偿责任。

▶条文参见

《公证法》第11、25、26条；《公证程序规则》；《遗嘱公证细则》；《司法部公证司关于如何确认涉外遗嘱效力的复函》；《司法部公证律师司关于以遗嘱方式将遗产指定给已婚子女个人所有的遗嘱能否办理公证事的复函》；《司法部公证律师司对〈关于香港居民为处理在港财产所立代书遗嘱应如何处理的请示〉的批复》；《司法部公证律师司关于办理黄兆源遗嘱继承公证的复函》

第一千一百四十条　作为遗嘱见证人的消极条件

下列人员不能作为遗嘱见证人：

（一）无民事行为能力人、限制民事行为能力人以及其他不具有见证能力的人；

（二）继承人、受遗赠人；

（三）与继承人、受遗赠人有利害关系的人。

▶理解与适用

本条是关于遗嘱见证人资格的规定。

除自书遗嘱外，其他各种遗嘱皆须有见证人参与。由于见证人的证明直接影响遗嘱的效力，为保证这几种遗嘱真实地反映遗嘱人的意思和想法，本条对遗嘱见证人的资格作出了限制性规定。其中，见证人是否具有民事行为能力，应当以遗嘱见证时为准。如果其于遗嘱人立遗嘱时具有完全民事行为能力，而后丧失行为能力，则不影响遗嘱见证的效力。继承人、受遗赠人的债权人、债务人，共同经营的合伙人，也应当视为与继承人、受遗赠人有利害关系，不能作为遗嘱的见证人。

▶**条文参见**

《民法典继承编解释》第 24 条

第一千一百四十一条　必留份

遗嘱应当为缺乏劳动能力又没有生活来源的继承人保留必要的遗产份额。

▶**理解与适用**

本条是关于必留份的规定。

必留份是指被继承人在立遗嘱处分自己的遗产时，必须依法留给特定继承人，不得自由处分的遗产份额。本条规定的遗嘱应当为缺乏劳动能力又没有生活来源的继承人保留必要的遗产份额，就是特留份。继承人是否缺乏劳动能力又没有生活来源，应当按遗嘱生效时该继承人的具体情况而定。遗嘱人未保留缺乏劳动能力又没有生活来源的继承人的遗产份额，遗产处理时，应当为该继承人留下必要的遗产，所剩余的部分，才可参照遗嘱确定的分配原则处理。

▶**条文参见**

《民法典继承编解释》第 25 条；《公证法》第 36、40 条

▶**典型案例指引**

1. 陈某某、陈某祥与陈某英等遗嘱继承纠纷案（2016 年 5 月 14 日最高人民法院公布 10 起残疾人权益保障典型案例）

案件适用要点：残疾人的继承权依法不受侵犯。本案中陈

某某虽身体有严重残疾，但作为出嫁女，其父母在处分遗产时，并未坚持当地民间传统中将房产只传男不传女的习惯，将案涉部分房产以遗嘱的形式明确由身体有残疾的陈某某继承。人民法院通过判决的形式依法确认了遗嘱的效力，切实保护了陈某某的财产继承权，为陈某某日后的生活所需提供了坚实的物质保障。

2. 刘某与范小某遗嘱继承纠纷案（2024年12月12日最高人民法院发布继承纠纷典型案例（第二批））

件适用要点：《中华人民共和国民法典》第一千一百四十一条规定的必留份制度是对遗嘱自由的限制，旨在平衡遗嘱自由和法定继承人的利益，以求最大限度保护缺乏劳动能力又没有生活来源的继承人的生存权利。遗嘱人未为缺乏劳动能力又没有生活来源的继承人保留遗产份额的，遗产处理时，应当为该继承人留下必要的遗产，所剩余的部分，才可参照遗嘱确定的分配原则处理。本案裁判通过房屋折价补偿的方式，既保障了缺乏劳动能力又没有生活来源的范小某的权益，又尊重了范某遗嘱中财产由刘某继承的遗愿，实现了保护弱势群体权益和尊重遗嘱自由的有效平衡。

第一千一百四十二条 遗嘱的撤回与变更

遗嘱人可以撤回、变更自己所立的遗嘱。

立遗嘱后，遗嘱人实施与遗嘱内容相反的民事法律行为的，视为对遗嘱相关内容的撤回。

立有数份遗嘱，内容相抵触的，以最后的遗嘱为准。

▶理解与适用

本条是关于遗嘱撤回、变更和遗嘱效力冲突的规定。

遗嘱是遗嘱人处分其个人财产的行为，遗嘱只有在遗嘱人死亡后才会发生法律效力。因此，订立遗嘱后，遗嘱人认为遗嘱不当或者有错误，或者改变主意的，遗嘱人在死亡之前均可以撤回或者变更其原来订立的遗嘱，这也是遗嘱自由原则的具体表现。遗嘱撤回是指遗嘱人在订立遗嘱后又通过一定的方式取消原来所立的遗嘱。遗嘱变更是指遗嘱人在遗嘱订立后对遗嘱内容的部分修改。立有数份遗嘱，内容相抵触的，应当视为后设立的遗嘱取代或者变更了原设立的遗嘱。因此，遗嘱人设立数份遗嘱内容抵触的，应当以最后设立的遗嘱为准，即“遗嘱设立在后效力优先”。本条规定删除了原《继承法》第20条规定的公证遗嘱优先原则。

第一千一百四十三条 遗嘱无效的情形

无民事行为能力人或者限制民事行为能力人所立的遗嘱无效。

遗嘱必须表示遗嘱人的真实意思，受欺诈、胁迫所立的遗嘱无效。

伪造的遗嘱无效。

遗嘱被篡改的，篡改的内容无效。

▶理解与适用

本条是关于遗嘱无效的规定。

遗嘱无效是指遗嘱因不符合法律规定而不能发生法律效力。

根据《民法典继承编解释》的规定，遗嘱人以遗嘱处分了国家、集体或者他人财产的，应当认定该部分遗嘱无效。

本条规定的遗嘱无效事由如下：

（1）无民事行为能力人或者限制民事行为能力人所立的遗嘱。不满八周岁的未成年人为无民事行为能力人，由其法定代理人代理实施民事法律行为。不能辨认自己行为的成年人为无民事行为能力人，由其法定代理人代理实施民事法律行为。八周岁以上的未成年人不能辨认自己行为的，适用上述规定。无民事行为能力人实施的民事法律行为无效。

遗嘱人立遗嘱时必须具有完全民事行为能力。无民事行为能力人或者限制民事行为能力人所立的遗嘱，即使其本人后来具有完全民事行为能力，仍属无效遗嘱。遗嘱人立遗嘱时具有完全民事行为能力，后来成为无民事行为能力人或者限制民事行为能力人的，不影响遗嘱的效力。

（2）受欺诈、受胁迫所设立的遗嘱，因不是遗嘱人真实意思表示，欠缺遗嘱的合法要件而无效。应当注意的是，受欺诈、受胁迫所设立的遗嘱，虽然也是民事法律行为，但是不适用《民法典》第148—150条的规定，不属于可撤销的民事法律行为，而是无效的民事法律行为。

（3）伪造的遗嘱。这是指以被继承人的名义设立，但根本不是被继承人意思表示的遗嘱。

（4）被篡改的遗嘱内容。经篡改的遗嘱内容已经不再是遗嘱人的意思表示，而是篡改人的意思表示，因而不发生遗嘱的效力，为无效。遗嘱中未被篡改的内容仍然有效。

▶条文参见

《民法典》第19－23、144条；《民法典继承编解释》第26、28条

第一千一百四十四条 附义务的遗嘱继承或遗赠

遗嘱继承或者遗赠附有义务的，继承人或者受遗赠人应当履行义务。没有正当理由不履行义务的，经利害关系人或者有关组织请求，人民法院可以取消其接受附义务部分遗产的权利。

▶理解与适用

本条规定，在遗嘱继承中，遗嘱人可以为继承人、受遗赠人设定一定的义务，继承人、受遗赠人在享有继承遗嘱人的财产权利的同时，必须履行其义务。

这种附加义务的条件，应当符合以下要求：（1）附义务的遗嘱所设定的义务，只能由遗嘱继承人或者受遗赠人承担，不

得对不取得遗产利益的人设定义务。(2) 设定的义务不得违背法律和社会公共利益。(3) 设定的义务必须是可能实现的。(4) 附义务的遗嘱中所规定的继承人或受遗赠人应当履行的义务，不得超过继承人或受遗赠人所取得的利益。

附义务的遗嘱继承或者遗赠，如义务能够履行，而继承人、受遗赠人无正当理由不履行，经受益人或者其他继承人请求，人民法院可以取消其接受附义务部分遗产的权利，由提出请求的继承人或者受益人负责按遗嘱人的意愿履行义务，接受遗产。

▶条文参见

《民法典继承编解释》第 29 条；《民法典》第 663 条

第四章　遗产的处理

第一千一百四十五条　遗产管理人的选任

继承开始后，遗嘱执行人为遗产管理人；没有遗嘱执行人的，继承人应当及时推选遗产管理人；继承人未推选的，由继承人共同担任遗产管理人；没有继承人或者继承人均放弃继承的，由被继承人生前住所地的民政部门或者村民委员会担任遗产管理人。

▶理解与适用

本条是关于遗产管理人产生方式的规定，是继承相关的新增条文。

自然人可以依照本法规定立遗嘱处分个人财产，并可以指定遗嘱执行人。遗产管理人是指对死者遗产负责保存和管理的人。

▶条文参见

《民法典》第 194 条；《信托法》第 39 条

第一千一百四十六条 法院指定遗产管理人

对遗产管理人的确定有争议的，利害关系人可以向人民法院申请指定遗产管理人。

▶理解与适用

本条是关于法院指定遗产管理人的规定，是继承相关的新增条文。

出现以下情形，利害关系人可以向法院起诉，申请指定遗产管理人：

(1) 遗嘱未指定遗嘱执行人，继承人对遗产管理人的选任有争议的。

(2) 没有继承人或者继承人下落不明，遗嘱中又未指定遗嘱执行人的。

(3) 对指定遗产管理人的遗嘱的效力存在争议的。

(4) 遗产债权人有证据证明继承人的行为已经或将要损害其利益的。

另外，在诉讼时效期间的最后六个月内，继承开始后未确定继承人或者遗产管理人，不能行使请求权的，会导致诉讼时效中止。未确定继承人时，继承财产的权利主体没有确定，无法有效地对被继承人的债务人行使权利，被继承人的债权人也不知道向谁主张权利，被暂时划定在继承财产中的他人的财产权利也无法主张。未确定遗产管理人的，遗产的权利不能分割。

▶条文参见

《民法典》第 194 条；《信托法》第 39 条

第一千一百四十七条 遗产管理人的职责

遗产管理人应当履行下列职责：

（一）清理遗产并制作遗产清单；

（二）向继承人报告遗产情况；

（三）采取必要措施防止遗产毁损、灭失；

（四）处理被继承人的债权债务；

（五）按照遗嘱或者依照法律规定分割遗产；

（六）实施与管理遗产有关的其他必要行为。

▶理解与适用

本条是关于遗产管理人职责范围的规定，是继承相关的新增条文。

清理遗产是指查清遗产的名称、数量、地点、价值等状况。“防止遗产毁损”的必要措施，如变卖易腐物品、修缮房屋、进行必要的营业行为、收取到期债权等。

▶条文参见

《民法典》第194条；《信托法》第39条

第一千一百四十八条 遗产管理人的责任

遗产管理人应当依法履行职责，因故意或者重大过失造成继承人、受遗赠人、债权人损害的，应当承担民事责任。

▶理解与适用

本条是关于遗产管理人履行职责及责任的规定，是继承相关的新增条文。

为使遗产债权人、受遗赠人等遗产权利人的利益得到保障，遗产管理人应当负善良管理人的注意义务。遗产管理人须忠实、谨慎地履行管理职责。

遗产管理人未尽善良管理人的注意义务，不当履行职责，因故意或者重大过失造成继承人、受遗赠人、债权人损害的，应当承担民事责任，对造成的损失应当予以赔偿。

▶条文参见

《民法典》第194条；《信托法》第39条

第一千一百四十九条 遗产管理人的报酬

遗产管理人可以依照法律规定或者按照约定获得报酬。

▶条文参见

《民法典》第 194 条；《信托法》第 39 条

第一千一百五十条 继承开始的通知

继承开始后，知道被继承人死亡的继承人应当及时通知其他继承人和遗嘱执行人。继承人中无人知道被继承人死亡或者知道被继承人死亡而不能通知的，由被继承人生前所在单位或者住所地的居民委员会、村民委员会负责通知。

▶理解与适用

本条是关于继承开始后的通知的规定。继承开始时，有的继承人因各种原因可能不知道继承已经开始，因此本条规定相关人员将被继承人死亡的事实通知继承人或者遗嘱执行人，以便保护相关继承人的利益，从而保证继承的顺利进行。

在通知的时间和方式上，一般要求负有通知义务的继承人或相关单位应当及时向其他继承人发出通知；通知的方式以能将被继承人死亡、继承开始的事实传达到继承人为准，一般以口头通知为主，如通过电话通知，也可以采取书面方式如电报、传真、快递等，甚至还可以采取公告的方式。

人民法院在审理继承案件时，如果知道有继承人而无法通知的，分割遗产时，要保留其应继承的遗产，并确定该遗产的保管人或者保管单位。

▶条文参见

《民法典继承编解释》第 30 条

第一千一百五十一条 遗产的保管

存有遗产的人，应当妥善保管遗产，任何组织或者个人不得侵吞或者争抢。

▶理解与适用

本条是关于存有遗产的人保管遗产义务的规定。

人民法院在审理继承案件时，如果知道有继承人而无法通知的，分割遗产时，要保留其应继承的遗产，并确定该遗产的保管人或保管单位。

▶条文参见

《信托法》第39条

第一千一百五十二条 转继承

继承开始后，继承人于遗产分割前死亡，并没有放弃继承的，该继承人应当继承的遗产转给其继承人，但是遗嘱另有安排的除外。

▶理解与适用

本条是关于转继承的规定。

转继承是指在继承开始后，继承人未放弃继承，于遗产分割前死亡的，其所应继承的遗产份额由其继承人承受的继承制度。转继承是对遗产份额的再继承，而非继承权利的移转。

继承开始后，受遗赠人表示接受遗赠，并于遗产分割前死亡的，其接受遗赠的权利转移给他的继承人。

▶条文参见

《民法典继承编解释》第38条

第一千一百五十三条 遗产的确定

夫妻共同所有的财产，除有约定的外，遗产分割时，应当先将共同所有的财产的一半分出为配偶所有，其余的为被继承人的遗产。

遗产在家庭共有财产之中的，遗产分割时，应当先分出他人的财产。

▶理解与适用

本条是关于分割遗产前进行析产的规定。

析产主要有以下两种情形：

1. 夫妻共同财产的析产。

在分割遗产之前，应当先确定遗产的范围。具体方法是：先析出夫妻个人财产；确定夫妻共同财产的范围；将确定为夫妻共同财产的财产一分为二，一半作为生存一方当事人的个人财产，另一半确定为遗产范围。如果夫妻双方约定为分别财产制的，则不存在这种析产问题。

夫妻在婚姻关系存续期间所得的下列财产，为夫妻的共同财产，归夫妻共同所有：(1) 工资、奖金和劳务报酬；(2) 生产、经营、投资的收益；(3) 知识产权的收益；(4) 继承或者受赠的财产，但是《民法典》第1063条第3项规定的除外；(5) 其他应当归共同所有的财产。夫妻对共同财产，有平等的处理权。

婚姻关系存续期间，下列财产属于“其他应当归共同所有的财产”：(1) 一方以个人财产投资取得的收益；(2) 男女双方实际取得或者应当取得的住房补贴、住房公积金；(3) 男女双方实际取得或者应当取得的基本养老金、破产安置补偿费。

夫妻一方个人财产在婚后产生的收益，除孳息和自然增值外，应认定为夫妻共同财产。由一方婚前承租、婚后用共同财产购买的房屋，登记在一方名下的，应当认定为夫妻共同财产。

下列财产为夫妻一方的个人财产：(1) 一方的婚前财产；(2) 一方因受到人身损害获得的赔偿或者补偿；(3) 遗嘱或者赠与合同中确定只归一方的财产；(4) 一方专用的生活用品；(5) 其他应当归一方的财产。军人的伤亡保险金、伤残补助金、医药生活补助费属于个人财产。

男女双方可以约定婚姻关系存续期间所得的财产以及婚前财产归各自所有、共同所有或者部分各自所有、部分共同所有。约定应当采用书面形式。没有约定或者约定不明确的，适用《民法典》第1062条、第1063条的规定。

夫妻对婚姻关系存续期间所得的财产以及婚前财产的约定，对双方具有法律约束力。

夫妻对婚姻关系存续期间所得的财产约定归各自所有，夫或者妻一方对外所负的债务，相对人知道该约定的，以夫或者妻一方的个人财产清偿。

2. 家庭共同财产的析产。具体方法是，先析出家庭成员的个人财产，析出家庭共同财产中属于子女的财产，析出被继承人个人的遗产债务，确定在家庭共同财产中的遗产。

►条文参见

《最高人民法院关于王娟婷与王万福、陈玉兰继承纠纷一案的函》；《最高人民法院关于周祖德、周祖明等诉周祖华、周祖荣等房屋纠纷案的函》；《最高人民法院关于蒋家正、蒋淑芳与徐文英等人析产继承案的函》；《最高人民法院关于孙世界、孙世明与孙洪武等人房屋继承申诉案的复函》；《最高人民法院关于共有人之一擅自出卖共有房屋无效的批复》；《最高人民法院关于赵汝是被没收发还的财产应如何认定和继承问题的批复》；《最高人民法院关于王棣华等人与王庆贞等人房屋继承案的批复》

第一千一百五十四条 按法定继承办理

有下列情形之一的，遗产中的有关部分按照法定继承办理：

（一）遗嘱继承人放弃继承或者受遗赠人放弃受遗赠；

（二）遗嘱继承人丧失继承权或者受遗赠人丧失受遗赠权；

（三）遗嘱继承人、受遗赠人先于遗嘱人死亡或者终止；

（四）遗嘱无效部分所涉及的遗产；

（五）遗嘱未处分的遗产。

▶理解与适用

本条是关于不执行遗嘱的遗产等适用法定继承的规定。其中，遗嘱继承人或者受遗赠人实施了《民法典》第1125条规定丧失继承权或者受遗赠权的行为，丧失继承权或者受遗赠权，不能接受遗产，应当按照法定继承处理遗产。

第一千一百五十五条 胎儿预留份

遗产分割时，应当保留胎儿的继承份额。胎儿娩出时是死体的，保留的份额按照法定继承办理。

▶理解与适用

本条是关于胎儿应继份的规定。

涉及遗产继承、接受赠与等胎儿利益保护的，胎儿视为具有民事权利能力。应当为胎儿保留的遗产份额没有保留的，应从继承人所继承的遗产中扣回。为胎儿保留的遗产份额，如胎儿出生后死亡的，由其继承人继承；如胎儿娩出时是死体的，由被继承人的继承人继承。

《民法典》第16条从法律上明确了胎儿在特定情形下视为具有民事权利能力。上述“遗产继承”不仅包括法定继承，也包括遗嘱继承、遗赠。胎儿是法定继承人的，按照法定继承取得相应的遗产份额；有遗嘱的，胎儿按照遗嘱继承取得遗嘱确定的份额。胎儿不是法定继承人的，被继承人也可以立遗嘱将个人财产赠给胎儿，将来按遗赠办理，胎儿取得遗产继承权。

►典型案例指引

1. 李某诉范甲、滕某继承纠纷案（《中华人民共和国最高人民法院公报》2006 年第 7 期）

案件适用要点：在遗嘱中未给胎儿保留必要的遗产份额的，在遗产处理时，应当为胎儿留下必要的遗产，剩余部分才可以按遗嘱确定的分配原则处理。

2. 李某、郭某阳诉郭某和、童某某继承纠纷案（2015 年 4 月 15 日最高人民法院指导案例 50 号）①

案件适用要点：夫妻关系存续期间，双方一致同意利用他人的精子进行人工授精并使女方受孕后，男方反悔，而女方坚持生出该子女的，不论该子女是否在夫妻关系存续期间出生，都应视为夫妻双方的婚生子女。

如果夫妻一方所订立的遗嘱中没有为胎儿保留遗产份额，因违反《继承法》第 19 条的规定，该部分遗嘱内容无效。分割遗产时，应当依照《继承法》第 28 条规定，为胎儿保留继承份额。

►条文参见

《民法典继承编解释》第 31 条

第一千一百五十六条 遗产分割

遗产分割应当有利于生产和生活需要，不损害遗产的效用。

不宜分割的遗产，可以采取折价、适当补偿或者共有等方法处理。

---

① 本案例发生于《民法典》公布之前，援引的法条为当时有效的条文，其中的裁判规则与《民法典》生效后的内容并不冲突，仍可作为参考。全书同。

▶**理解与适用**

本条是关于遗产分割原则和方法的规定。

遗产分割时应当遵循下列一些原则：

（1）发挥遗产效用原则。分割遗产应体现物尽其用、财尽其值的要求，使遗产作为一种社会资源尽可能释放出经济效用，促进生产，方便生活。《民法典继承编解释》指出："人民法院在分割遗产中的房屋、生产资料和特定职业所需要的财产时，应当依据有利于发挥其使用效益和继承人的实际需要，兼顾各继承人的利益进行处理。"

（2）酌给遗产原则。《民法典》第1159条确定了继承法律制度的酌给遗产原则，即对继承人以外的依靠被继承人扶养的人，或者继承人以外的对被继承人扶养较多的人，可以分给他们适当的遗产。当遗产因无人继承收归国家或者集体组织所有时，上述人员提出取得遗产的要求，人民法院应视情况适当分给遗产。

（3）保留胎儿应继份额原则。《民法典》第16条规定，涉及遗产继承、接受赠与等胎儿利益保护的，胎儿视为具有民事权利能力。但是胎儿娩出时为死体的，其民事权利能力自始不存在。

▶**条文参见**

《民法典继承编解释》第42条；《最高人民法院关于金瑞仙与黄宗廉等房产纠纷一案的批复》

第一千一百五十七条　再婚时对所继承遗产的处分

夫妻一方死亡后另一方再婚的，有权处分所继承的财产，任何组织或者个人不得干涉。

▶**理解与适用**

本条是关于夫妻一方死亡另一方再婚仍有权处分所继承遗产的规定。

夫妻有相互继承遗产的权利。当一方死亡后，另一方与他人再婚的，并不能改变其所继承的遗产成为自己的财产的性质，因而有权处分自己所继承的财产。

第一千一百五十八条 遗赠扶养协议

自然人可以与继承人以外的组织或者个人签订遗赠扶养协议。按照协议，该组织或者个人承担该自然人生养死葬的义务，享有受遗赠的权利。

▶理解与适用

本条是关于遗赠扶养协议的规定。

遗赠扶养协议是指遗赠人和扶养人为明确相互间遗赠和扶养的权利义务关系所订立的协议。需要他人扶养，并愿意将自己的合法财产全部或部分遗赠给扶养人的为遗赠人；对遗赠人尽扶养义务并接受遗赠的人为扶养人。遗赠人必须是具有完全民事行为能力、有一定的可遗赠的财产并需要他人扶养的自然人。扶养人必须是遗赠人法定继承人以外的个人或组织，并具有完全民事行为能力、能履行扶养义务。

遗赠扶养协议可以根据《遗赠扶养协议公证细则》进行公证。

遗赠扶养协议的特征如下：(1) 遗赠扶养协议为双方法律行为，须有双方的意思表示一致才能成立。(2) 遗赠扶养协议为诺成法律行为，自双方意思表示达成一致时起即发生效力。(3) 遗赠扶养协议为要式法律行为，应采用书面形式。(4) 遗赠扶养协议为双务有偿法律行为，扶养人负有负责受扶养人的生养死葬的义务，受扶养人也有将自己的财产遗赠给扶养人的义务。(5) 遗赠扶养协议具有效力优先性，遗赠扶养协议与遗赠、遗嘱继承并存，则应当优先执行遗赠扶养协议。

继承人以外的组织或者个人与自然人签订遗赠扶养协议后，无正当理由不履行，导致协议解除的，不能享有受遗赠的权利，其支付的供养费用一般不予补偿；遗赠人无正当理由不履行，导致协议解除的，则应当偿还继承人以外的组织或者个人已支付的供养费用。

▶条文参见

《民法典继承编解释》第40条；《遗赠扶养协议公证细则》

第一千一百五十九条 遗产分割时的义务

分割遗产，应当清偿被继承人依法应当缴纳的税款和债务；但是，应当为缺乏劳动能力又没有生活来源的继承人保留必要的遗产。

▶理解与适用

本条是关于遗产清偿债务顺序的规定。

遗产在分割之前，应当先清偿债务。遗产债务清偿的顺序是：

（1）遗产管理费。虽然本条没有规定遗产管理费具有最优先的地位，但这是必须的。

（2）缴纳所欠税款。被继承人生前所欠税款，应当在清偿生前所欠债务之后，予以扣除。

（3）被继承人生前所欠债务。被继承人的遗产源于被继承人生前所从事的各类法律行为。履行债务则是获得债权的代价，即债务是债权的基础。

对于继承人以外的依靠被继承人扶养的缺乏劳动能力又没有生活来源的人，即使遗产不足以清偿上述税款和债务，也应当保留适当份额，按具体情况可以多于或少于继承人。

▶条文参见

《最高人民法院关于空难死亡赔偿金能否作为遗产处理的复函》

第一千一百六十条 无人继承的遗产的处理

无人继承又无人受遗赠的遗产，归国家所有，用于公益事业；死者生前是集体所有制组织成员的，归所在集体所有制组织所有。

▶**理解与适用**

本条是关于无人继承又无人受遗赠遗产的规定。

无人继承又无人受遗赠的遗产是指公民死后没有法定继承人，又没有遗嘱，或者全部继承人都放弃或丧失继承权时的财产，以及被继承人没有法定继承人，只用遗嘱处分了一部分遗产，其余未加处分的那一部分遗产。

对于无人继承又无人受遗赠的遗产，首先应当用来支付死者必要的殡葬费用，清偿死者生前欠下的债务。余下的遗产，根据本条的规定，如果死者生前是集体所有制组织成员的，则归他生前所在的集体所有制组织所有；除上述情形外，归国家所有，国家用于公益事业。

遗产因无人继承又无人受遗赠归国家或者集体所有制组织所有时，按照本法第 1131 条规定可以分给适当遗产的人提出取得遗产的诉讼请求，人民法院应当视情况适当分给遗产。

▶**条文参见**

《民法典继承编解释》第 41 条；《最高人民法院关于被继承人死亡后没有法定继承人、分享遗产人能否分得全部遗产的复函》

第一千一百六十一条 限定继承

继承人以所得遗产实际价值为限清偿被继承人依法应当缴纳的税款和债务。超过遗产实际价值部分，继承人自愿偿还的不在此限。

继承人放弃继承的，对被继承人依法应当缴纳的税款和债务可以不负清偿责任。

▶**理解与适用**

本条是关于限定继承和放弃继承的规定。

限定继承是指继承人附加限制条件地接受被继承人的全部遗产的意思表示。一般的限定条件是以因继承所得之遗产偿还被继承人债务。

继承权放弃是指继承人于继承开始后、遗产分割前作出的放弃其继承被继承人遗产权利的意思表示。

各继承人已将遗产分割完毕才发现还有未清偿的债务的，应按以下办法清偿：既有法定继承又有遗嘱继承、遗赠的，由法定继承人清偿被继承人依法应当缴纳的税款和债务；超过法定继承遗产实际价值部分，由遗嘱继承人和受遗赠人按比例以所得遗产清偿。

夫妻一方以另一方可继承的财产为夫妻共同财产、放弃继承侵害夫妻共同财产利益为由主张另一方放弃继承无效的，人民法院不予支持，但有证据证明放弃继承导致放弃一方不能履行法定扶养义务的除外。

▶典型案例指引

吴某2等与王某等房屋买卖合同纠纷上诉案（上海市第一中级人民法院〔2016〕沪01民终10452号）

案件适用要点：继承人继承的债务并非仅指金钱债务，其范围也包括被继承人未履行完毕的合同义务，除非放弃继承，否则应当继续履行。出卖人在签订房屋买卖合同后死亡，买受人有权要求出卖人的继承人在继承遗产范围内继续履行合同债务，交付房屋并办理房屋过户登记，但合同签订时双方另有约定的除外。

第一千一百六十二条 遗赠与遗产债务清偿

执行遗赠不得妨碍清偿遗赠人依法应当缴纳的税款和债务。

▶理解与适用

本条是关于执行遗赠不得对抗清偿遗产债务的规定。

受遗赠权不是债权，遗赠人的债权人依法应当缴纳的税款和债权的请求权优于受遗赠人的受遗赠权，受遗赠人不能与税务部门和受遗赠人的债权人平等地分配遗产。

第一千一百六十三条　既有法定继承又有遗嘱继承、遗赠时的债务清偿

既有法定继承又有遗嘱继承、遗赠的，由法定继承人清偿被继承人依法应当缴纳的税款和债务；超过法定继承遗产实际价值部分，由遗嘱继承人和受遗赠人按比例以所得遗产清偿。

▶理解与适用

本条是关于法定继承、遗嘱继承和遗赠同时存在时清偿遗产债务顺序的规定。

原《继承法》对此没有规定，本条规定的规则是：

（1）先由法定继承人清偿被继承人依法应当缴纳的税款和债务。这是因为，遗嘱继承和遗赠的效力优先于法定继承。

（2）由法定继承人继承的遗产部分清偿税款和债务仍有不足的，再由遗嘱继承人和受遗赠人按比例以所得遗产予以清偿。按比例，就是遗嘱继承人和受遗赠人接受遗产的效力相同，不存在先后顺序问题，因而应当按比例以所得遗产清偿债务。这个比例，是遗嘱继承人和受遗赠人各自所得遗产的比例。

无论是法定继承还是遗嘱继承、遗赠，超过其所得遗产部分，不承担清偿责任。

综　合

中华人民共和国涉外民事关系法律适用法（节录）

（2010年10月28日第十一届全国人民代表大会常务委员会第十七次会议通过　2010年10月28日中华人民共和国主席令第36号公布　自2011年4月1日起施行）

……

第二章　民事主体

第十一条　自然人的民事权利能力，适用经常居所地法律。

第十二条　自然人的民事行为能力，适用经常居所地法律。

自然人从事民事活动，依照经常居所地法律为无民事行为能力，依照行为地法律为有民事行为能力的，适用行为地法律，但涉及婚姻家庭、继承的除外。

第十三条　宣告失踪或者宣告死亡，适用自然人经常居所地法律。

……

第十九条　依照本法适用国籍国法律，自然人具有两个以上国籍的，适用有经常居所的国籍国法律；在所有国籍国均无经常居所的，适用与其有最密切联系的国籍国法律。自然人无国籍或者国籍不明的，适用其经常居所地法律。

第二十条　依照本法适用经常居所地法律，自然人经常居所地不明的，适用其现在居所地法律。

……

第四章　继　　承

第三十一条　法定继承，适用被继承人死亡时经常居所地法律，但不动产法定继承，适用不动产所在地法律。

第三十二条　遗嘱方式，符合遗嘱人立遗嘱时或者死亡时经常居所地法律、国籍国法律或者遗嘱行为地法律的，遗嘱均为成立。

第三十三条　遗嘱效力，适用遗嘱人立遗嘱时或者死亡时经常居所地法律或者国籍国法律。

第三十四条　遗产管理等事项，适用遗产所在地法律。

第三十五条　无人继承遗产的归属，适用被继承人死亡时遗产所在地法律。

……

中华人民共和国农村土地承包法（节录）

（2002年8月29日第九届全国人民代表大会常务委员会第二十九次会议通过　根据2009年8月27日第十一届全国人民代表大会常务委员会第十次会议《关于修改部分法律的决定》第一次修正　根据2018年12月29日第十三届全国人民代表大会常务委员会第七次会议《关于修改〈中华人民共和国农村土地承包法〉的决定》第二次修正）

……

第三十二条　承包人应得的承包收益，依照继承法的规定继承。

林地承包的承包人死亡，其继承人可以在承包期内继续承包。

……

第五十四条　依照本章规定通过招标、拍卖、公开协商等方式取得土地经营权的，该承包人死亡，其应得的承包收益，依照继承法的规定继承；在承包期内，其继承人可以继续承包。

……

中华人民共和国老年人权益保障法（节录）

（1996年8月29日第八届全国人民代表大会常务委员会第二十一次会议通过　根据2009年8月27日第十一届全国人民代表大会常务委员会第十次会议《关于修改部分法律的决定》第一次修正　2012年12月28日第十一届全国人民代表大会常务委员会第三十次会议修订　根据2015年4月24日第十二届全国人民代表大会常务委员会第十四次会议《关于修改〈中华人民共和国电力法〉等六部法律的决定》第二次修正　根据2018年12月29日第十三届全国人民代表大会常务委员会第七次会议《关于修改〈中华人民共和国劳动法〉等七部法律的决定》第三次修正）

……

第二章　家庭赡养与扶养

第十三条　老年人养老以居家为基础，家庭成员应当尊重、关心和照料老年人。

第十四条　赡养人应当履行对老年人经济上供养、生活上照料和精神上慰藉的义务，照顾老年人的特殊需要。

赡养人是指老年人的子女以及其他依法负有赡养义务的人。

赡养人的配偶应当协助赡养人履行赡养义务。

第十五条　赡养人应当使患病的老年人及时得到治疗和护理；对经济困难的老年人，应当提供医疗费用。

对生活不能自理的老年人，赡养人应当承担照料责任；不能亲自照料的，可以按照老年人的意愿委托他人或者养老机构等照料。

第十六条　赡养人应当妥善安排老年人的住房，不得强迫老年人居住或者迁居条件低劣的房屋。

老年人自有的或者承租的住房，子女或者其他亲属不得侵占，不得擅自改变产权关系或者租赁关系。

老年人自有的住房，赡养人有维修的义务。

第十七条 赡养人有义务耕种或者委托他人耕种老年人承包的田地，照管或者委托他人照管老年人的林木和牲畜等，收益归老年人所有。

第十八条 家庭成员应当关心老年人的精神需求，不得忽视、冷落老年人。

与老年人分开居住的家庭成员，应当经常看望或者问候老年人。

用人单位应当按照国家有关规定保障赡养人探亲休假的权利。

第十九条 赡养人不得以放弃继承权或者其他理由，拒绝履行赡养义务。

赡养人不履行赡养义务，老年人有要求赡养人付给赡养费等权利。

赡养人不得要求老年人承担力不能及的劳动。

第二十条 经老年人同意，赡养人之间可以就履行赡养义务签订协议。赡养协议的内容不得违反法律的规定和老年人的意愿。

基层群众性自治组织、老年人组织或者赡养人所在单位监督协议的履行。

第二十一条 老年人的婚姻自由受法律保护。子女或者其他亲属不得干涉老年人离婚、再婚及婚后的生活。

赡养人的赡养义务不因老年人的婚姻关系变化而消除。

第二十二条 老年人对个人的财产，依法享有占有、使用、收益和处分的权利，子女或者其他亲属不得干涉，不得以窃取、骗取、强行索取等方式侵犯老年人的财产权益。

老年人有依法继承父母、配偶、子女或者其他亲属遗产的权利，有接受赠与的权利。子女或者其他亲属不得侵占、抢夺、转移、隐匿或者损毁应当由老年人继承或者接受赠与的财产。

老年人以遗嘱处分财产，应当依法为老年配偶保留必要的份额。

第二十三条 老年人与配偶有相互扶养的义务。

由兄、姐扶养的弟、妹成年后，有负担能力的，对年老无赡养人的兄、姐有扶养的义务。

第二十四条 赡养人、扶养人不履行赡养、扶养义务的，基层群众性自治组织、老年人组织或者赡养人、扶养人所在单位应当督促其履行。

第二十五条 禁止对老年人实施家庭暴力。

第二十六条 具备完全民事行为能力的老年人，可以在近亲属或者其他与自己关系密切、愿意承担监护责任的个人、组织中协商确定自己的监护人。监护人在老年人丧失或者部分丧失民事行为能力时，依法承担监护责任。

老年人未事先确定监护人的，其丧失或者部分丧失民事行为能力时，依照有关法律的规定确定监护人。

第二十七条 国家建立健全家庭养老支持政策，鼓励家庭成员与老年人共同生活或者就近居住，为老年人随配偶或者赡养人迁徙提供条件，为家庭成员照料老年人提供帮助。

……

中华人民共和国民法典（节录）

（2020 年 5 月 28 日第十三届全国人民代表大会第三次会议通过　2020 年 5 月 28 日中华人民共和国主席令第 45 号公布　自 2021 年 1 月 1 日起施行）

第一编　总　　则

第一章　基本规定

第一条 为了保护民事主体的合法权益，调整民事关系，维护社会和经济秩序，适应中国特色社会主义发展要求，弘扬社会主义核心价值观，根据宪法，制定本法。

第二条 民法调整平等主体的自然人、法人和非法人组织之间的人身关系和财产关系。

第三条 民事主体的人身权利、财产权利以及其他合法权益受法律保护，任何组织或者个人不得侵犯。

第四条 民事主体在民事活动中的法律地位一律平等。

第五条 民事主体从事民事活动，应当遵循自愿原则，按照自己的意思设立、变更、终止民事法律关系。

第六条 民事主体从事民事活动，应当遵循公平原则，合理确定各方的权利和义务。

第七条 民事主体从事民事活动，应当遵循诚信原则，秉持诚实，恪守承诺。

第八条 民事主体从事民事活动，不得违反法律，不得违背公序良俗。

第九条 民事主体从事民事活动，应当有利于节约资源、保护生态环境。

第十条 处理民事纠纷，应当依照法律；法律没有规定的，可以适用习惯，但是不得违背公序良俗。

第十一条 其他法律对民事关系有特别规定的，依照其规定。

第十二条 中华人民共和国领域内的民事活动，适用中华人民共和国法律。法律另有规定的，依照其规定。

第二章 自 然 人

第一节 民事权利能力和民事行为能力

第十三条 自然人从出生时起到死亡时止，具有民事权利能力，依法享有民事权利，承担民事义务。

第十四条 自然人的民事权利能力一律平等。

第十五条 自然人的出生时间和死亡时间，以出生证明、死亡证明记载的时间为准；没有出生证明、死亡证明的，以户籍登记或者其他有效身份登记记载的时间为准。有其他证据足以推翻以上记载时间的，以该证据证明的时间为准。

第十六条 涉及遗产继承、接受赠与等胎儿利益保护的，胎儿视为具有民事权利能力。但是，胎儿娩出时为死体的，其民事权利能力自始不存在。

第十七条 十八周岁以上的自然人为成年人。不满十八周岁的自然人为未成年人。

第十八条 成年人为完全民事行为能力人，可以独立实施民事法律行为。

十六周岁以上的未成年人，以自己的劳动收入为主要生活来源的，视为完全民事行为能力人。

第十九条 八周岁以上的未成年人为限制民事行为能力人，实施民事法律行为由其法定代理人代理或者经其法定代理人同意、追认；但是，可以独立实施纯获利益的民事法律行为或者与其年龄、智力相适应的民事法律行为。

第二十条 不满八周岁的未成年人为无民事行为能力人，由其法定代理人代理实施民事法律行为。

第二十一条 不能辨认自己行为的成年人为无民事行为能力人，由其法定代理人代理实施民事法律行为。

八周岁以上的未成年人不能辨认自己行为的，适用前款规定。

第二十二条 不能完全辨认自己行为的成年人为限制民事行为能力人，实施民事法律行为由其法定代理人代理或者经其法定代理人同意、追认；但是，可以独立实施纯获利益的民事法律行为或者与其智力、精神健康状况相适应的民事法律行为。

第二十三条 无民事行为能力人、限制民事行为能力人的监护人是其法定代理人。

第二十四条 不能辨认或者不能完全辨认自己行为的成年人，其利害关系人或者有关组织，可以向人民法院申请认定该成年人为无民事行为能力人或者限制民事行为能力人。

被人民法院认定为无民事行为能力人或者限制民事行为能力人的，经本人、利害关系人或者有关组织申请，人民法院可以根据其智力、精神健康恢复的状况，认定该成年人恢复为限制民事行为能力人或者完全民事行为能力人。

本条规定的有关组织包括：居民委员会、村民委员会、学校、医疗机构、妇女联合会、残疾人联合会、依法设立的老年人组织、民政部门等。

第二十五条 自然人以户籍登记或者其他有效身份登记记载的居所为住所；经常居所与住所不一致的，经常居所视为住所。

第二节　监　　护

第二十六条　父母对未成年子女负有抚养、教育和保护的义务。

成年子女对父母负有赡养、扶助和保护的义务。

第二十七条　父母是未成年子女的监护人。

未成年人的父母已经死亡或者没有监护能力的，由下列有监护能力的人按顺序担任监护人：

（一）祖父母、外祖父母；

（二）兄、姐；

（三）其他愿意担任监护人的个人或者组织，但是须经未成年人住所地的居民委员会、村民委员会或者民政部门同意。

第二十八条　无民事行为能力或者限制民事行为能力的成年人，由下列有监护能力的人按顺序担任监护人：

（一）配偶；

（二）父母、子女；

（三）其他近亲属；

（四）其他愿意担任监护人的个人或者组织，但是须经被监护人住所地的居民委员会、村民委员会或者民政部门同意。

第二十九条　被监护人的父母担任监护人的，可以通过遗嘱指定监护人。

第三十条　依法具有监护资格的人之间可以协议确定监护人。协议确定监护人应当尊重被监护人的真实意愿。

第三十一条　对监护人的确定有争议的，由被监护人住所地的居民委员会、村民委员会或者民政部门指定监护人，有关当事人对指定不服的，可以向人民法院申请指定监护人；有关当事人也可以直接向人民法院申请指定监护人。

居民委员会、村民委员会、民政部门或者人民法院应当尊重被监护人的真实意愿，按照最有利于被监护人的原则在依法具有监护资格的人中指定监护人。

依据本条第一款规定指定监护人前，被监护人的人身权利、财产权利以及其他合法权益处于无人保护状态的，由被监护人住所地的居民委员会、村民委员会、法律规定的有关组织或者民政部门担任临时监护人。

监护人被指定后，不得擅自变更；擅自变更的，不免除被指定的监护人的责任。

第三十二条 没有依法具有监护资格的人的，监护人由民政部门担任，也可以由具备履行监护职责条件的被监护人住所地的居民委员会、村民委员会担任。

第三十三条 具有完全民事行为能力的成年人，可以与其近亲属、其他愿意担任监护人的个人或者组织事先协商，以书面形式确定自己的监护人，在自己丧失或者部分丧失民事行为能力时，由该监护人履行监护职责。

第三十四条 监护人的职责是代理被监护人实施民事法律行为，保护被监护人的人身权利、财产权利以及其他合法权益等。

监护人依法履行监护职责产生的权利，受法律保护。

监护人不履行监护职责或者侵害被监护人合法权益的，应当承担法律责任。

因发生突发事件等紧急情况，监护人暂时无法履行监护职责，被监护人的生活处于无人照料状态的，被监护人住所地的居民委员会、村民委员会或者民政部门应当为被监护人安排必要的临时生活照料措施。

第三十五条 监护人应当按照最有利于被监护人的原则履行监护职责。监护人除为维护被监护人利益外，不得处分被监护人的财产。

未成年人的监护人履行监护职责，在作出与被监护人利益有关的决定时，应当根据被监护人的年龄和智力状况，尊重被监护人的真实意愿。

成年人的监护人履行监护职责，应当最大程度地尊重被监护人的真实意愿，保障并协助被监护人实施与其智力、精神健康状况相适应的民事法律行为。对被监护人有能力独立处理的事务，监护人不得干涉。

第三十六条 监护人有下列情形之一的，人民法院根据有关个人或者组织的申请，撤销其监护人资格，安排必要的临时监护措施，并按照最有利于被监护人的原则依法指定监护人：

（一）实施严重损害被监护人身心健康的行为；

（二）怠于履行监护职责，或者无法履行监护职责且拒绝将监护职责部分或者全部委托给他人，导致被监护人处于危困状态；

（三）实施严重侵害被监护人合法权益的其他行为。

本条规定的有关个人、组织包括：其他依法具有监护资格的人，居民委员会、村民委员会、学校、医疗机构、妇女联合会、残疾人联合会、未成年人保护组织、依法设立的老年人组织、民政部门等。

前款规定的个人和民政部门以外的组织未及时向人民法院申请撤销监护人资格的，民政部门应当向人民法院申请。

第三十七条 依法负担被监护人抚养费、赡养费、扶养费的父母、子女、配偶等，被人民法院撤销监护人资格后，应当继续履行负担的义务。

第三十八条 被监护人的父母或者子女被人民法院撤销监护人资格后，除对被监护人实施故意犯罪的外，确有悔改表现的，经其申请，人民法院可以在尊重被监护人真实意愿的前提下，视情况恢复其监护人资格，人民法院指定的监护人与被监护人的监护关系同时终止。

第三十九条 有下列情形之一的，监护关系终止：

（一）被监护人取得或者恢复完全民事行为能力；

（二）监护人丧失监护能力；

（三）被监护人或者监护人死亡；

（四）人民法院认定监护关系终止的其他情形。

监护关系终止后，被监护人仍然需要监护的，应当依法另行确定监护人。

第三节　宣告失踪和宣告死亡

第四十条 自然人下落不明满二年的，利害关系人可以向人民法院申请宣告该自然人为失踪人。

第四十一条 自然人下落不明的时间自其失去音讯之日起计算。战争期间下落不明的，下落不明的时间自战争结束之日或者有关机关确定的下落不明之日起计算。

第四十二条 失踪人的财产由其配偶、成年子女、父母或者其他愿意担任财产代管人的人代管。

代管有争议，没有前款规定的人，或者前款规定的人无代管能力的，由人民法院指定的人代管。

第四十三条　财产代管人应当妥善管理失踪人的财产，维护其财产权益。

失踪人所欠税款、债务和应付的其他费用，由财产代管人从失踪人的财产中支付。

财产代管人因故意或者重大过失造成失踪人财产损失的，应当承担赔偿责任。

第四十四条　财产代管人不履行代管职责、侵害失踪人财产权益或者丧失代管能力的，失踪人的利害关系人可以向人民法院申请变更财产代管人。

财产代管人有正当理由的，可以向人民法院申请变更财产代管人。

人民法院变更财产代管人的，变更后的财产代管人有权请求原财产代管人及时移交有关财产并报告财产代管情况。

第四十五条　失踪人重新出现，经本人或者利害关系人申请，人民法院应当撤销失踪宣告。

失踪人重新出现，有权请求财产代管人及时移交有关财产并报告财产代管情况。

第四十六条　自然人有下列情形之一的，利害关系人可以向人民法院申请宣告该自然人死亡：

（一）下落不明满四年；

（二）因意外事件，下落不明满二年。

因意外事件下落不明，经有关机关证明该自然人不可能生存的，申请宣告死亡不受二年时间的限制。

第四十七条　对同一自然人，有的利害关系人申请宣告死亡，有的利害关系人申请宣告失踪，符合本法规定的宣告死亡条件的，人民法院应当宣告死亡。

第四十八条　被宣告死亡的人，人民法院宣告死亡的判决作出之日视为其死亡的日期；因意外事件下落不明宣告死亡的，意外事件发生之日视为其死亡的日期。

第四十九条　自然人被宣告死亡但是并未死亡的，不影响该自然人在被宣告死亡期间实施的民事法律行为的效力。

第五十条　被宣告死亡的人重新出现，经本人或者利害关系人申请，人民法院应当撤销死亡宣告。

第五十一条　被宣告死亡的人的婚姻关系，自死亡宣告之日起消除。死亡宣告被撤销的，婚姻关系自撤销死亡宣告之日起自行恢复。但是，其配偶再婚或者向婚姻登记机关书面声明不愿意恢复的除外。

第五十二条　被宣告死亡的人在被宣告死亡期间，其子女被他人依法收养的，在死亡宣告被撤销后，不得以未经本人同意为由主张收养行为无效。

第五十三条　被撤销死亡宣告的人有权请求依照本法第六编取得其财产的民事主体返还财产；无法返还的，应当给予适当补偿。

利害关系人隐瞒真实情况，致使他人被宣告死亡而取得其财产的，除应当返还财产外，还应当对由此造成的损失承担赔偿责任。

第四节　个体工商户和农村承包经营户

第五十四条　自然人从事工商业经营，经依法登记，为个体工商户。个体工商户可以起字号。

第五十五条　农村集体经济组织的成员，依法取得农村土地承包经营权，从事家庭承包经营的，为农村承包经营户。

第五十六条　个体工商户的债务，个人经营的，以个人财产承担；家庭经营的，以家庭财产承担；无法区分的，以家庭财产承担。

农村承包经营户的债务，以从事农村土地承包经营的农户财产承担；事实上由农户部分成员经营的，以该部分成员的财产承担。

……

第五章　民 事 权 利

第一百零九条　自然人的人身自由、人格尊严受法律保护。

第一百一十条　自然人享有生命权、身体权、健康权、姓名权、肖像权、名誉权、荣誉权、隐私权、婚姻自主权等权利。

法人、非法人组织享有名称权、名誉权和荣誉权。

第一百一十一条　自然人的个人信息受法律保护。任何组织或者个人需要获取他人个人信息的，应当依法取得并确保信息安全，不得非法收集、使用、加工、传输他人个人信息，不得非法买卖、提供或者公开他人个人信息。

第一百一十二条 自然人因婚姻家庭关系等产生的人身权利受法律保护。

第一百一十三条 民事主体的财产权利受法律平等保护。

……

第一百二十四条 自然人依法享有继承权。

自然人合法的私有财产，可以依法继承。

……

第六章 民事法律行为

……

第三节 民事法律行为的效力

第一百四十三条 具备下列条件的民事法律行为有效：

（一）行为人具有相应的民事行为能力；

（二）意思表示真实；

（三）不违反法律、行政法规的强制性规定，不违背公序良俗。

第一百四十四条 无民事行为能力人实施的民事法律行为无效。

第一百四十五条 限制民事行为能力人实施的纯获利益的民事法律行为或者与其年龄、智力、精神健康状况相适应的民事法律行为有效；实施的其他民事法律行为经法定代理人同意或者追认后有效。

相对人可以催告法定代理人自收到通知之日起三十日内予以追认。法定代理人未作表示的，视为拒绝追认。民事法律行为被追认前，善意相对人有撤销的权利。撤销应当以通知的方式作出。

第一百四十六条 行为人与相对人以虚假的意思表示实施的民事法律行为无效。

以虚假的意思表示隐藏的民事法律行为的效力，依照有关法律规定处理。

第一百四十七条 基于重大误解实施的民事法律行为，行为人有权请求人民法院或者仲裁机构予以撤销。

第一百四十八条　一方以欺诈手段，使对方在违背真实意思的情况下实施的民事法律行为，受欺诈方有权请求人民法院或者仲裁机构予以撤销。

第一百四十九条　第三人实施欺诈行为，使一方在违背真实意思的情况下实施的民事法律行为，对方知道或者应当知道该欺诈行为的，受欺诈方有权请求人民法院或者仲裁机构予以撤销。

第一百五十条　一方或者第三人以胁迫手段，使对方在违背真实意思的情况下实施的民事法律行为，受胁迫方有权请求人民法院或者仲裁机构予以撤销。

第一百五十一条　一方利用对方处于危困状态、缺乏判断能力等情形，致使民事法律行为成立时显失公平的，受损害方有权请求人民法院或者仲裁机构予以撤销。

第一百五十二条　有下列情形之一的，撤销权消灭：

（一）当事人自知道或者应当知道撤销事由之日起一年内、重大误解的当事人自知道或者应当知道撤销事由之日起九十日内没有行使撤销权；

（二）当事人受胁迫，自胁迫行为终止之日起一年内没有行使撤销权；

（三）当事人知道撤销事由后明确表示或者以自己的行为表明放弃撤销权。

当事人自民事法律行为发生之日起五年内没有行使撤销权的，撤销权消灭。

第一百五十三条　违反法律、行政法规的强制性规定的民事法律行为无效。但是，该强制性规定不导致该民事法律行为无效的除外。

违背公序良俗的民事法律行为无效。

第一百五十四条　行为人与相对人恶意串通，损害他人合法权益的民事法律行为无效。

第一百五十五条　无效的或者被撤销的民事法律行为自始没有法律约束力。

第一百五十六条　民事法律行为部分无效，不影响其他部分效力的，其他部分仍然有效。

第一百五十七条　民事法律行为无效、被撤销或者确定不发生效力后，行为人因该行为取得的财产，应当予以返还；不能返还或者没有必要返还的，应当折价补偿。有过错的一方应当赔偿对方由此所受到的损失；各方都有过错的，应当各自承担相应的责任。法律另有规定的，依照其规定。

……

第九章 诉讼时效

第一百八十八条 向人民法院请求保护民事权利的诉讼时效期间为三年。法律另有规定的，依照其规定。

诉讼时效期间自权利人知道或者应当知道权利受到损害以及义务人之日起计算。法律另有规定的，依照其规定。但是，自权利受到损害之日起超过二十年的，人民法院不予保护，有特殊情况的，人民法院可以根据权利人的申请决定延长。

第一百八十九条 当事人约定同一债务分期履行的，诉讼时效期间自最后一期履行期限届满之日起计算。

第一百九十条 无民事行为能力人或者限制民事行为能力人对其法定代理人的请求权的诉讼时效期间，自该法定代理终止之日起计算。

第一百九十一条 未成年人遭受性侵害的损害赔偿请求权的诉讼时效期间，自受害人年满十八周岁之日起计算。

第一百九十二条 诉讼时效期间届满的，义务人可以提出不履行义务的抗辩。

诉讼时效期间届满后，义务人同意履行的，不得以诉讼时效期间届满为由抗辩；义务人已经自愿履行的，不得请求返还。

第一百九十三条 人民法院不得主动适用诉讼时效的规定。

第一百九十四条 在诉讼时效期间的最后六个月内，因下列障碍，不能行使请求权的，诉讼时效中止：

（一）不可抗力；

（二）无民事行为能力人或者限制民事行为能力人没有法定代理人，或者法定代理人死亡、丧失民事行为能力、丧失代理权；

（三）继承开始后未确定继承人或者遗产管理人；

（四）权利人被义务人或者其他人控制；

（五）其他导致权利人不能行使请求权的障碍。

自中止时效的原因消除之日起满六个月，诉讼时效期间届满。

第一百九十五条 有下列情形之一的，诉讼时效中断，从中断、有关程序终结时起，诉讼时效期间重新计算：

（一）权利人向义务人提出履行请求；

（二）义务人同意履行义务；

（三）权利人提起诉讼或者申请仲裁；

（四）与提起诉讼或者申请仲裁具有同等效力的其他情形。

第一百九十六条 下列请求权不适用诉讼时效的规定：

（一）请求停止侵害、排除妨碍、消除危险；

（二）不动产物权和登记的动产物权的权利人请求返还财产；

（三）请求支付抚养费、赡养费或者扶养费；

（四）依法不适用诉讼时效的其他请求权。

第一百九十七条 诉讼时效的期间、计算方法以及中止、中断的事由由法律规定，当事人约定无效。

当事人对诉讼时效利益的预先放弃无效。

第一百九十八条 法律对仲裁时效有规定的，依照其规定；没有规定的，适用诉讼时效的规定。

第一百九十九条 法律规定或者当事人约定的撤销权、解除权等权利的存续期间，除法律另有规定外，自权利人知道或者应当知道权利产生之日起计算，不适用有关诉讼时效中止、中断和延长的规定。存续期间届满，撤销权、解除权等权利消灭。

……

第五编 婚姻家庭

第一章 一般规定

第一千零四十条 本编调整因婚姻家庭产生的民事关系。

第一千零四十一条 婚姻家庭受国家保护。

实行婚姻自由、一夫一妻、男女平等的婚姻制度。

保护妇女、未成年人、老年人、残疾人的合法权益。

第一千零四十二条 禁止包办、买卖婚姻和其他干涉婚姻自由的行为。禁止借婚姻索取财物。

禁止重婚。禁止有配偶者与他人同居。

禁止家庭暴力。禁止家庭成员间的虐待和遗弃。

第一千零四十三条 家庭应当树立优良家风，弘扬家庭美德，重视家庭文明建设。

夫妻应当互相忠实，互相尊重，互相关爱；家庭成员应当敬老爱幼，互相帮助，维护平等、和睦、文明的婚姻家庭关系。

第一千零四十四条 收养应当遵循最有利于被收养人的原则，保障被收养人和收养人的合法权益。

禁止借收养名义买卖未成年人。

第一千零四十五条 亲属包括配偶、血亲和姻亲。

配偶、父母、子女、兄弟姐妹、祖父母、外祖父母、孙子女、外孙子女为近亲属。

配偶、父母、子女和其他共同生活的近亲属为家庭成员。

第二章　结　婚

第一千零四十六条 结婚应当男女双方完全自愿，禁止任何一方对另一方加以强迫，禁止任何组织或者个人加以干涉。

第一千零四十七条 结婚年龄，男不得早于二十二周岁，女不得早于二十周岁。

第一千零四十八条 直系血亲或者三代以内的旁系血亲禁止结婚。

第一千零四十九条 要求结婚的男女双方应当亲自到婚姻登记机关申请结婚登记。符合本法规定的，予以登记，发给结婚证。完成结婚登记，即确立婚姻关系。未办理结婚登记的，应当补办登记。

第一千零五十条 登记结婚后，按照男女双方约定，女方可以成为男方家庭的成员，男方可以成为女方家庭的成员。

第一千零五十一条 有下列情形之一的，婚姻无效：

（一）重婚；

（二）有禁止结婚的亲属关系；

（三）未到法定婚龄。

第一千零五十二条 因胁迫结婚的，受胁迫的一方可以向人民法院请求撤销婚姻。

请求撤销婚姻的，应当自胁迫行为终止之日起一年内提出。

被非法限制人身自由的当事人请求撤销婚姻的，应当自恢复人身自由之日起一年内提出。

第一千零五十三条 一方患有重大疾病的，应当在结婚登记前如实告知另一方；不如实告知的，另一方可以向人民法院请求撤销婚姻。

请求撤销婚姻的，应当自知道或者应当知道撤销事由之日起一年内提出。

第一千零五十四条 无效的或者被撤销的婚姻自始没有法律约束力，当事人不具有夫妻的权利和义务。同居期间所得的财产，由当事人协议处理；协议不成的，由人民法院根据照顾无过错方的原则判决。对重婚导致的无效婚姻的财产处理，不得侵害合法婚姻当事人的财产权益。当事人所生的子女，适用本法关于父母子女的规定。

婚姻无效或者被撤销的，无过错方有权请求损害赔偿。

第三章 家庭关系

第一节 夫妻关系

第一千零五十五条 夫妻在婚姻家庭中地位平等。

第一千零五十六条 夫妻双方都有各自使用自己姓名的权利。

第一千零五十七条 夫妻双方都有参加生产、工作、学习和社会活动的自由，一方不得对另一方加以限制或者干涉。

第一千零五十八条 夫妻双方平等享有对未成年子女抚养、教育和保护的权利，共同承担对未成年子女抚养、教育和保护的义务。

第一千零五十九条 夫妻有相互扶养的义务。

需要扶养的一方，在另一方不履行扶养义务时，有要求其给付扶养费的权利。

第一千零六十条 夫妻一方因家庭日常生活需要而实施的民事法

律行为，对夫妻双方发生效力，但是夫妻一方与相对人另有约定的除外。

夫妻之间对一方可以实施的民事法律行为范围的限制，不得对抗善意相对人。

第一千零六十一条 夫妻有相互继承遗产的权利。

第一千零六十二条 夫妻在婚姻关系存续期间所得的下列财产，为夫妻的共同财产，归夫妻共同所有：

（一）工资、奖金、劳务报酬；

（二）生产、经营、投资的收益；

（三）知识产权的收益；

（四）继承或者受赠的财产，但是本法第一千零六十三条第三项规定的除外；

（五）其他应当归共同所有的财产。

夫妻对共同财产，有平等的处理权。

◆[1]本条第1款第3项规定的“知识产权的收益”，是指婚姻关系存续期间，实际取得或者已经明确可以取得的财产性收益。

婚姻关系存续期间，下列财产属于本条规定的“其他应当归共同所有的财产”：(1) 一方以个人财产投资取得的收益；(2) 男女双方实际取得或者应当取得的住房补贴、住房公积金；(3) 男女双方实际取得或者应当取得的基本养老金、破产安置补偿费。

夫妻一方个人财产在婚后产生的收益，除孳息和自然增值外，应认定为夫妻共同财产。由一方婚前承租、婚后用共同财产购买的房屋，登记在一方名下的，应当认定为夫妻共同财产。

当事人结婚前，父母为双方购置房屋出资的，该出资应当认定为对自己子女个人的赠与，但父母明确表示赠与双方的除外。当事人结婚后，父母为双方购置房屋出资的，依照约定处理；没有约定或者约定不明确的，按照本条第1款第4项规定的原则处理。

夫妻一方婚前签订不动产买卖合同，以个人财产支付首付款

---

① 本书中标有◆的部分，系编者为了帮助读者理解法律条文所增加的说明。

并在银行贷款，婚后用夫妻共同财产还贷，不动产登记于首付款支付方名下的，离婚时该不动产由双方协议处理。依上述规定不能达成协议的，人民法院可以判决该不动产归登记一方，尚未归还的贷款为不动产登记一方的个人债务。双方婚后共同还贷支付的款项及其相对应财产增值部分，离婚时应根据本法第1087条第1款规定的原则，由不动产登记一方对另一方进行补偿。

离婚时夫妻一方尚未退休、不符合领取基本养老金条件，另一方请求按照夫妻共同财产分割基本养老金的，人民法院不予支持；婚后以夫妻共同财产缴纳基本养老保险费，离婚时一方主张将养老金账户中婚姻关系存续期间个人实际缴纳部分及利息作为夫妻共同财产分割的，人民法院应予支持。

第一千零六十三条　下列财产为夫妻一方的个人财产：

（一）一方的婚前财产；

（二）一方因受到人身损害获得的赔偿或者补偿；

（三）遗嘱或者赠与合同中确定只归一方的财产；

（四）一方专用的生活用品；

（五）其他应当归一方的财产。

◆ 军人的伤亡保险金、伤残补助金、医药生活补助费属于个人财产。

本条规定为夫妻一方的个人财产，不因婚姻关系的延续而转化为夫妻共同财产。但当事人另有约定的除外。

第一千零六十四条　夫妻双方共同签名或者夫妻一方事后追认等共同意思表示所负的债务，以及夫妻一方在婚姻关系存续期间以个人名义为家庭日常生活需要所负的债务，属于夫妻共同债务。

夫妻一方在婚姻关系存续期间以个人名义超出家庭日常生活需要所负的债务，不属于夫妻共同债务；但是，债权人能够证明该债务用于夫妻共同生活、共同生产经营或者基于夫妻双方共同意思表示的除外。

◆ 本条规定的确定夫妻共同债务的规则是：夫妻双方共同签字或者夫妻一方事后追认等共同意思表示所负的债务，以及夫妻一方在婚姻关系存续期间以个人名义为家庭日常生活需要所负的债务，属于夫妻共同债务。

根据《最高人民法院关于依法妥善审理涉及夫妻债务案件有关问题的通知》，债权人主张夫妻一方所负债务为夫妻共同债务的，应当结合案件的具体情况，按照《最高人民法院关于审理民间借贷案件适用法律若干问题的规定》第 15 条第 2 款、第 18 条的规定，结合当事人之间关系及其到庭情况、借贷金额、债权凭证、款项交付、当事人的经济能力、当地或者当事人之间的交易方式、交易习惯、当事人财产变动情况以及当事人陈述、证人证言等事实和因素，综合判断债务是否发生。防止违反法律和司法解释规定，仅凭借条、借据等债权凭证就认定存在债务的简单做法。

第一千零六十五条 男女双方可以约定婚姻关系存续期间所得的财产以及婚前财产归各自所有、共同所有或者部分各自所有、部分共同所有。约定应当采用书面形式。没有约定或者约定不明确的，适用本法第一千零六十二条、第一千零六十三条的规定。

夫妻对婚姻关系存续期间所得的财产以及婚前财产的约定，对双方具有法律约束力。

夫妻对婚姻关系存续期间所得的财产约定归各自所有，夫或者妻一方对外所负的债务，相对人知道该约定的，以夫或者妻一方的个人财产清偿。

◆ 夫妻财产约定的内容是，可以约定婚姻关系存续期间所得的财产以及婚前财产归各自所有、共同所有或者部分各自所有、部分共同所有。夫妻财产约定的形式是，应当采用书面形式，即书面协议。夫妻财产约定的范围是，夫妻对婚姻关系存续期间所得的财产以及婚前财产的约定，对双方具有约束力。

第一千零六十六条 婚姻关系存续期间，有下列情形之一的，夫妻一方可以向人民法院请求分割共同财产：

（一）一方有隐藏、转移、变卖、毁损、挥霍夫妻共同财产或者伪造夫妻共同债务等严重损害夫妻共同财产利益的行为；

（二）一方负有法定扶养义务的人患重大疾病需要医治，另一方不同意支付相关医疗费用。

第二节　父母子女关系和其他近亲属关系

第一千零六十七条　父母不履行抚养义务的，未成年子女或者不能独立生活的成年子女，有要求父母给付抚养费的权利。

成年子女不履行赡养义务的，缺乏劳动能力或者生活困难的父母，有要求成年子女给付赡养费的权利。

第一千零六十八条　父母有教育、保护未成年子女的权利和义务。未成年子女造成他人损害的，父母应当依法承担民事责任。

第一千零六十九条　子女应当尊重父母的婚姻权利，不得干涉父母离婚、再婚以及婚后的生活。子女对父母的赡养义务，不因父母的婚姻关系变化而终止。

第一千零七十条　父母和子女有相互继承遗产的权利。

第一千零七十一条　非婚生子女享有与婚生子女同等的权利，任何组织或者个人不得加以危害和歧视。

不直接抚养非婚生子女的生父或者生母，应当负担未成年子女或者不能独立生活的成年子女的抚养费。

第一千零七十二条　继父母与继子女间，不得虐待或者歧视。

继父或者继母和受其抚养教育的继子女间的权利义务关系，适用本法关于父母子女关系的规定。

第一千零七十三条　对亲子关系有异议且有正当理由的，父或者母可以向人民法院提起诉讼，请求确认或者否认亲子关系。

对亲子关系有异议且有正当理由的，成年子女可以向人民法院提起诉讼，请求确认亲子关系。

第一千零七十四条　有负担能力的祖父母、外祖父母，对于父母已经死亡或者父母无力抚养的未成年孙子女、外孙子女，有抚养的义务。

有负担能力的孙子女、外孙子女，对于子女已经死亡或者子女无力赡养的祖父母、外祖父母，有赡养的义务。

第一千零七十五条　有负担能力的兄、姐，对于父母已经死亡或者父母无力抚养的未成年弟、妹，有扶养的义务。

由兄、姐扶养长大的有负担能力的弟、妹，对于缺乏劳动能力又缺乏生活来源的兄、姐，有扶养的义务。

第四章　离　　婚

第一千零七十六条　夫妻双方自愿离婚的，应当签订书面离婚协议，并亲自到婚姻登记机关申请离婚登记。

离婚协议应当载明双方自愿离婚的意思表示和对子女抚养、财产以及债务处理等事项协商一致的意见。

第一千零七十七条　自婚姻登记机关收到离婚登记申请之日起三十日内，任何一方不愿意离婚的，可以向婚姻登记机关撤回离婚登记申请。

前款规定期限届满后三十日内，双方应当亲自到婚姻登记机关申请发给离婚证；未申请的，视为撤回离婚登记申请。

第一千零七十八条　婚姻登记机关查明双方确实是自愿离婚，并已经对子女抚养、财产以及债务处理等事项协商一致的，予以登记，发给离婚证。

第一千零七十九条　夫妻一方要求离婚的，可以由有关组织进行调解或者直接向人民法院提起离婚诉讼。

人民法院审理离婚案件，应当进行调解；如果感情确已破裂，调解无效的，应当准予离婚。

有下列情形之一，调解无效的，应当准予离婚：

（一）重婚或者与他人同居；

（二）实施家庭暴力或者虐待、遗弃家庭成员；

（三）有赌博、吸毒等恶习屡教不改；

（四）因感情不和分居满二年；

（五）其他导致夫妻感情破裂的情形。

一方被宣告失踪，另一方提起离婚诉讼的，应当准予离婚。

经人民法院判决不准离婚后，双方又分居满一年，一方再次提起离婚诉讼的，应当准予离婚。

第一千零八十条　完成离婚登记，或者离婚判决书、调解书生效，即解除婚姻关系。

第一千零八十一条　现役军人的配偶要求离婚，应当征得军人同意，但是军人一方有重大过错的除外。

第一千零八十二条 女方在怀孕期间、分娩后一年内或者终止妊娠后六个月内，男方不得提出离婚；但是，女方提出离婚或者人民法院认为确有必要受理男方离婚请求的除外。

第一千零八十三条 离婚后，男女双方自愿恢复婚姻关系的，应当到婚姻登记机关重新进行结婚登记。

第一千零八十四条 父母与子女间的关系，不因父母离婚而消除。离婚后，子女无论由父或者母直接抚养，仍是父母双方的子女。

离婚后，父母对于子女仍有抚养、教育、保护的权利和义务。

离婚后，不满两周岁的子女，以由母亲直接抚养为原则。已满两周岁的子女，父母双方对抚养问题协议不成的，由人民法院根据双方的具体情况，按照最有利于未成年子女的原则判决。子女已满八周岁的，应当尊重其真实意愿。

第一千零八十五条 离婚后，子女由一方直接抚养的，另一方应当负担部分或者全部抚养费。负担费用的多少和期限的长短，由双方协议；协议不成的，由人民法院判决。

前款规定的协议或者判决，不妨碍子女在必要时向父母任何一方提出超过协议或者判决原定数额的合理要求。

第一千零八十六条 离婚后，不直接抚养子女的父或者母，有探望子女的权利，另一方有协助的义务。

行使探望权利的方式、时间由当事人协议；协议不成的，由人民法院判决。

父或者母探望子女，不利于子女身心健康的，由人民法院依法中止探望；中止的事由消失后，应当恢复探望。

第一千零八十七条 离婚时，夫妻的共同财产由双方协议处理；协议不成的，由人民法院根据财产的具体情况，按照照顾子女、女方和无过错方权益的原则判决。

对夫或者妻在家庭土地承包经营中享有的权益等，应当依法予以保护。

第一千零八十八条 夫妻一方因抚育子女、照料老年人、协助另一方工作等负担较多义务的，离婚时有权向另一方请求补偿，另一方应当给予补偿。具体办法由双方协议；协议不成的，由人民法院判决。

第一千零八十九条 离婚时，夫妻共同债务应当共同偿还。共同财产不足清偿或者财产归各自所有的，由双方协议清偿；协议不成的，由人民法院判决。

第一千零九十条 离婚时，如果一方生活困难，有负担能力的另一方应当给予适当帮助。具体办法由双方协议；协议不成的，由人民法院判决。

第一千零九十一条 有下列情形之一，导致离婚的，无过错方有权请求损害赔偿：

（一）重婚；

（二）与他人同居；

（三）实施家庭暴力；

（四）虐待、遗弃家庭成员；

（五）有其他重大过错。

第一千零九十二条 夫妻一方隐藏、转移、变卖、毁损、挥霍夫妻共同财产，或者伪造夫妻共同债务企图侵占另一方财产的，在离婚分割夫妻共同财产时，对该方可以少分或者不分。离婚后，另一方发现有上述行为的，可以向人民法院提起诉讼，请求再次分割夫妻共同财产。

第五章　收　　养

第一节　收养关系的成立

第一千零九十三条 下列未成年人，可以被收养：

（一）丧失父母的孤儿；

（二）查找不到生父母的未成年人；

（三）生父母有特殊困难无力抚养的子女。

第一千零九十四条 下列个人、组织可以作送养人：

（一）孤儿的监护人；

（二）儿童福利机构；

（三）有特殊困难无力抚养子女的生父母。

第一千零九十五条 未成年人的父母均不具备完全民事行为能力

且可能严重危害该未成年人的，该未成年人的监护人可以将其送养。

第一千零九十六条 监护人送养孤儿的，应当征得有抚养义务的人同意。有抚养义务的人不同意送养、监护人不愿意继续履行监护职责的，应当依照本法第一编的规定另行确定监护人。

第一千零九十七条 生父母送养子女，应当双方共同送养。生父母一方不明或者查找不到的，可以单方送养。

第一千零九十八条 收养人应当同时具备下列条件：

（一）无子女或者只有一名子女；

（二）有抚养、教育和保护被收养人的能力；

（三）未患有在医学上认为不应当收养子女的疾病；

（四）无不利于被收养人健康成长的违法犯罪记录；

（五）年满三十周岁。

第一千零九十九条 收养三代以内旁系同辈血亲的子女，可以不受本法第一千零九十三条第三项、第一千零九十四条第三项和第一千一百零二条规定的限制。

华侨收养三代以内旁系同辈血亲的子女，还可以不受本法第一千零九十八条第一项规定的限制。

第一千一百条 无子女的收养人可以收养两名子女；有子女的收养人只能收养一名子女。

收养孤儿、残疾未成年人或者儿童福利机构抚养的查找不到生父母的未成年人，可以不受前款和本法第一千零九十八条第一项规定的限制。

第一千一百零一条 有配偶者收养子女，应当夫妻共同收养。

第一千一百零二条 无配偶者收养异性子女的，收养人与被收养人的年龄应当相差四十周岁以上。

第一千一百零三条 继父或者继母经继子女的生父母同意，可以收养继子女，并可以不受本法第一千零九十三条第三项、第一千零九十四条第三项、第一千零九十八条和第一千一百条第一款规定的限制。

第一千一百零四条 收养人收养与送养人送养，应当双方自愿。收养八周岁以上未成年人的，应当征得被收养人的同意。

第一千一百零五条 收养应当向县级以上人民政府民政部门登记。收养关系自登记之日起成立。

收养查找不到生父母的未成年人的，办理登记的民政部门应当在登记前予以公告。

收养关系当事人愿意签订收养协议的，可以签订收养协议。

收养关系当事人各方或者一方要求办理收养公证的，应当办理收养公证。

县级以上人民政府民政部门应当依法进行收养评估。

第一千一百零六条 收养关系成立后，公安机关应当按照国家有关规定为被收养人办理户口登记。

第一千一百零七条 孤儿或者生父母无力抚养的子女，可以由生父母的亲属、朋友抚养；抚养人与被抚养人的关系不适用本章规定。

第一千一百零八条 配偶一方死亡，另一方送养未成年子女的，死亡一方的父母有优先抚养的权利。

第一千一百零九条 外国人依法可以在中华人民共和国收养子女。

外国人在中华人民共和国收养子女，应当经其所在国主管机关依照该国法律审查同意。收养人应当提供由其所在国有权机构出具的有关其年龄、婚姻、职业、财产、健康、有无受过刑事处罚等状况的证明材料，并与送养人签订书面协议，亲自向省、自治区、直辖市人民政府民政部门登记。

前款规定的证明材料应当经收养人所在国外交机关或者外交机关授权的机构认证，并经中华人民共和国驻该国使领馆认证，但是国家另有规定的除外。

第一千一百一十条 收养人、送养人要求保守收养秘密的，其他人应当尊重其意愿，不得泄露。

第二节 收养的效力

第一千一百一十一条 自收养关系成立之日起，养父母与养子女间的权利义务关系，适用本法关于父母子女关系的规定；养子女与养父母的近亲属间的权利义务关系，适用本法关于子女与父母的近亲属关系的规定。

养子女与生父母以及其他近亲属间的权利义务关系，因收养关系的成立而消除。

第一千一百一十二条 养子女可以随养父或者养母的姓氏，经当事人协商一致，也可以保留原姓氏。

第一千一百一十三条 有本法第一编关于民事法律行为无效规定情形或者违反本编规定的收养行为无效。

无效的收养行为自始没有法律约束力。

第三节 收养关系的解除

第一千一百一十四条 收养人在被收养人成年以前，不得解除收养关系，但是收养人、送养人双方协议解除的除外。养子女八周岁以上的，应当征得本人同意。

收养人不履行抚养义务，有虐待、遗弃等侵害未成年养子女合法权益行为的，送养人有权要求解除养父母与养子女间的收养关系。送养人、收养人不能达成解除收养关系协议的，可以向人民法院提起诉讼。

第一千一百一十五条 养父母与成年养子女关系恶化、无法共同生活的，可以协议解除收养关系。不能达成协议的，可以向人民法院提起诉讼。

第一千一百一十六条 当事人协议解除收养关系的，应当到民政部门办理解除收养关系登记。

第一千一百一十七条 收养关系解除后，养子女与养父母以及其他近亲属间的权利义务关系即行消除，与生父母以及其他近亲属间的权利义务关系自行恢复。但是，成年养子女与生父母以及其他近亲属间的权利义务关系是否恢复，可以协商确定。

第一千一百一十八条 收养关系解除后，经养父母抚养的成年养子女，对缺乏劳动能力又缺乏生活来源的养父母，应当给付生活费。因养子女成年后虐待、遗弃养父母而解除收养关系的，养父母可以要求养子女补偿收养期间支出的抚养费。

生父母要求解除收养关系的，养父母可以要求生父母适当补偿收养期间支出的抚养费；但是，因养父母虐待、遗弃养子女而解除收养关系的除外。

……

最高人民法院关于适用《中华人民共和国民法典》继承编的解释（一）

（2020 年 12 月 25 日最高人民法院审判委员会第 1825 次会议通过　2020 年 12 月 29 日最高人民法院公告公布　自 2021 年 1 月 1 日起施行　法释〔2020〕23 号）

为正确审理继承纠纷案件，根据《中华人民共和国民法典》等相关法律规定，结合审判实践，制定本解释。

一、一般规定

第一条　继承从被继承人生理死亡或者被宣告死亡时开始。

宣告死亡的，根据民法典第四十八条规定确定的死亡日期，为继承开始的时间。

第二条　承包人死亡时尚未取得承包收益的，可以将死者生前对承包所投入的资金和所付出的劳动及其增值和孳息，由发包单位或者接续承包合同的人合理折价、补偿。其价额作为遗产。

第三条　被继承人生前与他人订有遗赠扶养协议，同时又立有遗嘱的，继承开始后，如果遗赠扶养协议与遗嘱没有抵触，遗产分别按协议和遗嘱处理；如果有抵触，按协议处理，与协议抵触的遗嘱全部或者部分无效。

第四条　遗嘱继承人依遗嘱取得遗产后，仍有权依照民法典第一千一百三十条的规定取得遗嘱未处分的遗产。

第五条　在遗产继承中，继承人之间因是否丧失继承权发生纠纷，向人民法院提起诉讼的，由人民法院依据民法典第一千一百二十五条的规定，判决确认其是否丧失继承权。

第六条　继承人是否符合民法典第一千一百二十五条第一款第三

项规定的“虐待被继承人情节严重”，可以从实施虐待行为的时间、手段、后果和社会影响等方面认定。

虐待被继承人情节严重的，不论是否追究刑事责任，均可确认其丧失继承权。

第七条 继承人故意杀害被继承人的，不论是既遂还是未遂，均应当确认其丧失继承权。

第八条 继承人有民法典第一千一百二十五条第一款第一项或者第二项所列之行为，而被继承人以遗嘱将遗产指定由该继承人继承的，可以确认遗嘱无效，并确认该继承人丧失继承权。

第九条 继承人伪造、篡改、隐匿或者销毁遗嘱，侵害了缺乏劳动能力又无生活来源的继承人的利益，并造成其生活困难的，应当认定为民法典第一千一百二十五条第一款第四项规定的“情节严重”。

二、法定继承

第十条 被收养人对养父母尽了赡养义务，同时又对生父母扶养较多的，除可以依照民法典第一千一百二十七条的规定继承养父母的遗产外，还可以依照民法典第一千一百三十一条的规定分得生父母适当的遗产。

第十一条 继子女继承了继父母遗产的，不影响其继承生父母的遗产。

继父母继承了继子女遗产的，不影响其继承生子女的遗产。

第十二条 养子女与生子女之间、养子女与养子女之间，系养兄弟姐妹，可以互为第二顺序继承人。

被收养人与其亲兄弟姐妹之间的权利义务关系，因收养关系的成立而消除，不能互为第二顺序继承人。

第十三条 继兄弟姐妹之间的继承权，因继兄弟姐妹之间的扶养关系而发生。没有扶养关系的，不能互为第二顺序继承人。

继兄弟姐妹之间相互继承了遗产的，不影响其继承亲兄弟姐妹的遗产。

第十四条 被继承人的孙子女、外孙子女、曾孙子女、外曾孙子女都可以代位继承，代位继承人不受辈数的限制。

第十五条 被继承人的养子女、已形成扶养关系的继子女的生子女可以代位继承；被继承人亲生子女的养子女可以代位继承；被继承人养子女的养子女可以代位继承；与被继承人已形成扶养关系的继子女的养子女也可以代位继承。

第十六条 代位继承人缺乏劳动能力又没有生活来源，或者对被继承人尽过主要赡养义务的，分配遗产时，可以多分。

第十七条 继承人丧失继承权的，其晚辈直系血亲不得代位继承。如该代位继承人缺乏劳动能力又没有生活来源，或者对被继承人尽赡养义务较多的，可以适当分给遗产。

第十八条 丧偶儿媳对公婆、丧偶女婿对岳父母，无论其是否再婚，依照民法典第一千一百二十九条规定作为第一顺序继承人时，不影响其子女代位继承。

第十九条 对被继承人生活提供了主要经济来源，或者在劳务等方面给予了主要扶助的，应当认定其尽了主要赡养义务或主要扶养义务。

第二十条 依照民法典第一千一百三十一条规定可以分给适当遗产的人，分给他们遗产时，按具体情况可以多于或者少于继承人。

第二十一条 依照民法典第一千一百三十一条规定可以分给适当遗产的人，在其依法取得被继承人遗产的权利受到侵犯时，本人有权以独立的诉讼主体资格向人民法院提起诉讼。

第二十二条 继承人有扶养能力和扶养条件，愿意尽扶养义务，但被继承人因有固定收入和劳动能力，明确表示不要求其扶养的，分配遗产时，一般不应因此而影响其继承份额。

第二十三条 有扶养能力和扶养条件的继承人虽然与被继承人共同生活，但对需要扶养的被继承人不尽扶养义务，分配遗产时，可以少分或者不分。

三、遗嘱继承和遗赠

第二十四条 继承人、受遗赠人的债权人、债务人，共同经营的合伙人，也应当视为与继承人、受遗赠人有利害关系，不能作为遗嘱的见证人。

第二十五条 遗嘱人未保留缺乏劳动能力又没有生活来源的继承

人的遗产份额，遗产处理时，应当为该继承人留下必要的遗产，所剩余的部分，才可参照遗嘱确定的分配原则处理。

继承人是否缺乏劳动能力又没有生活来源，应当按遗嘱生效时该继承人的具体情况确定。

第二十六条 遗嘱人以遗嘱处分了国家、集体或者他人财产的，应当认定该部分遗嘱无效。

第二十七条 自然人在遗书中涉及死后个人财产处分的内容，确为死者的真实意思表示，有本人签名并注明了年、月、日，又无相反证据的，可以按自书遗嘱对待。

第二十八条 遗嘱人立遗嘱时必须具有完全民事行为能力。无民事行为能力人或者限制民事行为能力人所立的遗嘱，即使其本人后来具有完全民事行为能力，仍属无效遗嘱。遗嘱人立遗嘱时具有完全民事行为能力，后来成为无民事行为能力人或者限制民事行为能力人的，不影响遗嘱的效力。

第二十九条 附义务的遗嘱继承或者遗赠，如义务能够履行，而继承人、受遗赠人无正当理由不履行，经受益人或者其他继承人请求，人民法院可以取消其接受附义务部分遗产的权利，由提出请求的继承人或者受益人负责按遗嘱人的意愿履行义务，接受遗产。

四、遗产的处理

第三十条 人民法院在审理继承案件时，如果知道有继承人而无法通知的，分割遗产时，要保留其应继承的遗产，并确定该遗产的保管人或者保管单位。

第三十一条 应当为胎儿保留的遗产份额没有保留的，应从继承人所继承的遗产中扣回。

为胎儿保留的遗产份额，如胎儿出生后死亡的，由其继承人继承；如胎儿娩出时是死体的，由被继承人的继承人继承。

第三十二条 继承人因放弃继承权，致其不能履行法定义务的，放弃继承权的行为无效。

第三十三条 继承人放弃继承应当以书面形式向遗产管理人或者其他继承人表示。

第三十四条 在诉讼中，继承人向人民法院以口头方式表示放弃继承的，要制作笔录，由放弃继承的人签名。

第三十五条 继承人放弃继承的意思表示，应当在继承开始后、遗产分割前作出。遗产分割后表示放弃的不再是继承权，而是所有权。

第三十六条 遗产处理前或者在诉讼进行中，继承人对放弃继承反悔的，由人民法院根据其提出的具体理由，决定是否承认。遗产处理后，继承人对放弃继承反悔的，不予承认。

第三十七条 放弃继承的效力，追溯到继承开始的时间。

第三十八条 继承开始后，受遗赠人表示接受遗赠，并于遗产分割前死亡的，其接受遗赠的权利转移给他的继承人。

第三十九条 由国家或者集体组织供给生活费用的烈属和享受社会救济的自然人，其遗产仍应准许合法继承人继承。

第四十条 继承人以外的组织或者个人与自然人签订遗赠扶养协议后，无正当理由不履行，导致协议解除的，不能享有受遗赠的权利，其支付的供养费用一般不予补偿；遗赠人无正当理由不履行，导致协议解除的，则应当偿还继承人以外的组织或者个人已支付的供养费用。

第四十一条 遗产因无人继承又无人受遗赠归国家或者集体所有制组织所有时，按照民法典第一千一百三十一条规定可以分给适当遗产的人提出取得遗产的诉讼请求，人民法院应当视情况适当分给遗产。

第四十二条 人民法院在分割遗产中的房屋、生产资料和特定职业所需要的财产时，应当依据有利于发挥其使用效益和继承人的实际需要，兼顾各继承人的利益进行处理。

第四十三条 人民法院对故意隐匿、侵吞或者争抢遗产的继承人，可以酌情减少其应继承的遗产。

第四十四条 继承诉讼开始后，如继承人、受遗赠人中有既不愿参加诉讼，又不表示放弃实体权利的，应当追加为共同原告；继承人已书面表示放弃继承、受遗赠人在知道受遗赠后六十日内表示放弃受遗赠或者到期没有表示的，不再列为当事人。

五、附　则

第四十五条 本解释自 2021 年 1 月 1 日起施行。

最高人民法院关于在台湾的合法继承人其继承权应否受到保护问题的批复

（1984年7月30日 〔84〕民他字第8号）

北京市高级人民法院：

你院1984年4月24日关于袁惠等四人诉袁行健继承一案的请示收悉。我们意见：

一、袁行濂及袁行广的五个子女均属合法继承人，他们虽然均在台湾，其合法继承权仍应受到保护。根据党和国家的对台政策，从祖国统一大业的需要出发，在审理上应予以方便。

二、袁行濂既与原、被告均有信件来往，并明确提出继承房产的意见，法院可以通过原、被告代为传递诉讼文书。对袁行广的五个子女如能通过袁行濂得知他们下落，亦应照此办理。

三、袁行广的五个子女，如经努力查询，仍然联系不上，可以保留他们的应继承份额，请房管部门代管。

四、本案按请示所述情况，不宜中止审理，亦不宜动员原告撤诉。

最高人民法院关于产权从未变更过的祖遗房下掘获祖辈所埋的白银归谁所有问题的批复

（1987年2月21日 〔1986〕民他字第38号）

云南省高级人民法院：

你院《关于唐绍清等人诉唐学周白银纠纷案请示报告》收悉。

被告唐学周于1985年3月15日翻建自有房屋时，在墙脚掘获刻有乾隆字样的白银二十九公斤四公两。该房系唐氏家庭之祖遗产，历经数代均由唐姓家族人居住，从未变更过产权。族人皆知房下埋有白银，解放前曾两次掘获。因年代久远，白银究系唐姓家族中何人所埋不能证实。原告唐绍清等以此白银系高祖母遗产为由，起诉要求继承。被告唐学周辩称白银为其父临终前告知所埋，不同意原告唐绍清等继承。

根据以上事实，我们研究认为，被告唐学周在祖遗房下所掘获的白银，应认定唐姓家族人所埋，视为原、被告等人的共有财产，由共有人合理分割，不宜作遗产处理。

法定继承

最高人民法院民事审判庭关于冯群英与覃国义、覃国伦房屋继承纠纷申诉案的复函

（1983年8月25日 〔1982〕民他字第28号）

广西壮族自治区高级人民法院民庭：

关于冯群英与覃国义、覃国伦房屋继承纠纷申诉一案，我们同意你院第一种意见。即：根据冯群英与养祖母、养父母的权利义务关系，她应继承遗产的大部分。小部分由周玉梅继承。周已死，由其子女继承。周的子女如为周的遗产继承发生纠纷，可另案处理。以上意见，供你院处理该案时参考。

最高人民法院关于高原生活补助费能否作为夫妻共同财产继承的批复

（1983年9月3日 （83）民他字第22号）

青海省高级人民法院：

你院六月十六日（83）青法研字第36号关于退休费能否作为家庭共同财产来继承的请示报告收阅。经研究，原则上同意你院意见。即肖桂兰的住房补助费应为夫妻双方共有，属于其夫赵泰部分，可由其合法继承人继承，高原生活补助费不属共同财产，应归肖个人所有。

此复

最高人民法院民事审判庭关于招远县陆许氏遗产应由谁继承的电话答复

（1985年10月28日　〔1985〕民他字第24号）

山东省高级人民法院民事审判庭：

你院〔85〕鲁法民字第25号《关于招远县陆许氏遗产应由谁继承一案的请示报告》及补充意见均收悉。根据报告查明的情况，经我们研究认为，原则上以承认陆许氏为“五保户”比较合适，其遗产应按最高人民法院《关于贯彻执行民事政策法律若干问题的意见》第47条有关规定处理。入社前，被继承人依靠女儿陆玉芳生活，入社后一个月病故尽管遗产分割多年，陆玉芳要求继承是有道理的，我们的意见：一、承认陆玉芳有继承权；二、原房已卖掉，现只能将陆家村所售房屋价款作为遗产归陆玉芳继承；三、陆家村为陆许氏所花丧葬费和医药费，从卖房款中扣除。并请作好双方当事人的调解工作。此意见系根据本案的特殊情况提出来的变通处理办法，请参照此意见，妥善处理。

最高人民法院关于土改后不久被收养的子女能否参加分割土改前的祖遗房产的批复

（1986年2月13日　〔1986〕民他字第6号）

河南省高级人民法院：

你院〔1985〕豫法民字第5号《关于经土改确权的祖业房产能否按参加土改的人口分析以确定遗产范围的请示报告》收悉。

据你院报告称，被继承人马希良家有十六间祖遗房屋，土改时由其母马韩氏、马希良夫妇及其次女、三女（长女土改前已出嫁）五口人填登了土地房产证。1953 年马希良收马海庆为养子（当时 1 岁）。三个女子离开家庭后，在经济和生活方面对父母各自尽了赡养扶助义务。1983 年前，马韩氏及马希良夫妇先后去世，为分割处理十六间祖遗房屋，三个女儿与养子发生纠纷。

经我们研究认为：对土改已确权的房屋，一般应以确定的产权为准，由参加土改的家庭成员进行析产，其中被继承人应得的份额属于遗产。本案讼争的房屋系祖遗房产，土改时没有变动；马海庆土改后不久被收养，以后对该房屋长期进行了使用和管理。根据此案具体情况，可按马家参加土改的人口加上养子共六人先行析产，然后确定马希良夫妇的遗产数额。马希良夫妇从析产中所得的份额及马希良继承其母马韩氏的份额属于他们的遗产，其三个女儿及养子都有继承权。至于每人继承份额多少，应视具体情况合理确定。

此复

最高人民法院关于未成年的养子女，其养父在国外死亡后回生母处生活，仍有权继承其养父的遗产的批复

（1986 年 5 月 19 日　〔1986〕民他字第 22 号）

福建省高级人民法院：

你院 1985 年 12 月 10 日《关于泉州市戴玉芳与戴文良析产、继承上诉案中黄钦辉有无继承权的请示报告》收悉。

据报告称，戴文化、戴文良兄弟二人于 1929 年至 1931 年先后从菲律宾回国在泉州市新街四十一号建楼房一座，由其父母戴淑和、林英蕊等人居住。1942 年戴母林英蕊收黄钦辉为戴文化的养子。黄钦辉与祖母林英蕊共同生活，由其养父戴文化从国外寄给生活费和教育费，直至 1955 年戴文化在国外去世。当时黄钦辉尚未成年，后因生活无来源于 1957 年回到生母处。1980 年黄钦辉向法院提起诉讼，要求继承其养父戴文化新街四十一号楼房遗产。

经我们研究认为：黄钦辉于 1942 年被戴文化之母林英蕊收养为戴

文化的养子，直至1955年戴文化去世，在长达13年的时间里，其生活费和教育费一直由戴文化供给。这一收养关系戴文化生前及其亲属、当地基层组织和群众都承认，应依法予以保护。

关于黄钦辉是否自动解除收养关系或放弃继承权的问题，黄钦辉因养父戴文化1955年在国外去世，当时本人尚未成年，在无人供给生活费，又无其他经济来源的情况下，不得不于1957年回到生母处生活，对此不能认为黄钦辉自动解除了收养关系。黄钦辉在继承开始和遗产处理前，没有明确表示放弃继承，应当依法准许其继承戴文化的遗产。

此复

最高人民法院民事审判庭关于未经结婚登记以夫妻名义同居生活一方死亡后另一方有无继承其遗产权利的答复

（1987年7月25日　〔1987〕民他字第40号）

辽宁省高级人民法院：

你院关于未经结婚登记以夫妻名义同居生活，一方死亡后另一方有无继承其遗产权利的案情报告收悉。经研究认为，在本案中，不能承认刘美珍与栾庆吉为事实婚姻。

至于栾庆杰死亡后遗留的财产，可按财产纠纷处理。

最高人民法院民事审判庭关于钱伯春能否继承和尚钱定安遗产的电话答复

（1987年10月16日　〔1986〕民他字第63号）

上海市高级法院：

你院〔86〕沪高民他字第4号函请示的钱伯春能否继承和尚钱定

安遗产的问题，经研究认为：

1. 我国现行法律对和尚个人遗产的继承问题并无例外的规定，因而，对作为公民的和尚，在其死后，其有继承权的亲属继承其遗产的权利尚不能否定；

2. 鉴于本案的具体情况，同意对和尚钱定安个人遗款的继承纠纷，由受理本案的法院在原、被告双方之间作调解处理。

请你院按照我院审判委员会的上述意见办理。对你院的请示报告不再作文字批复。

最高人民法院民事审判庭关于王安贵诉王景斋继承案的电话答复

（1987年12月16日 〔1987〕民他字第68号）

山东省高级人民法院：

关于你院请示的王安贵诉王景斋继承一案，经研究，现电话答复如下：

我们基本上同意你院审判委员会倾向性的意见，即观海一路10号的四间自住房，属李淑安、王景斋所共有。李淑安病故后，对自留的四间房屋，可按先析产后继承原则进行处理。在具体分割时，要考虑子女们对被继承人所尽义务的多少以及房屋的结构，长期使用状况等因素，妥善处理。

最高人民法院民事审判庭关于汤真发诉刘天权继承一案的复函

（1989年2月21日 〔1988〕民他字第53号）

四川省高级人民法院：

你院川法民示字第4号关于汤真发诉刘天权继承一案的请示报告

收悉。经我们研究，兹提出以下意见：

汤真发出生3天后即被汤德恩、田桂香夫妇收养。汤德恩病故后，生父刘福成娶养母田桂香为妾，共同抚育汤真发9年。1953年刘福成与田桂香离婚，此后其养母又与勾天益再婚，汤真发随勾天益夫妇共同生活至成年。汤真发始终未与养母田桂香解除收养关系，汤真发与生父刘福成的生父子关系不能视为自然恢复，有抚养教育关系的继父母与继子女间的权利义务关系亦不能因继父母离婚而自然解除。鉴于该案情况较为特殊，汤真发与刘福成之间权利义务关系如何认定，该遗产如何具体处理，请你院根据具体情况和有关法律酌定。关于逮捕汤真发等问题，因涉及刑事，务请你院慎重从事，以防矛盾激化。

最高人民法院关于蒋秀蓉诉彭润明、邱家乐、朱翠莲继承清偿债务纠纷一案的复函

（1991年1月26日　〔1990〕民他字第23号）

四川省高级人民法院：

你院（89）川法民示字第28号关于新津县蒋秀蓉诉彭润明、邱家乐、朱翠莲继承清偿债务纠纷一案的请示报告收悉。经研究认为：蒋秀蓉在彭继承、邱国红夫妇家当保姆期间，被犯罪分子王念先杀伤致残，彭、邱夫妇亦在与该罪犯搏斗中被杀身亡。从本案事实看，蒋秀蓉并非因保护雇主一家的生命、财产安全或其他利益而被杀伤，故要求从雇主的遗产中补偿其医疗费、生活费等，于法无据。但鉴于蒋秀蓉是在受雇期间受害的具体情况，可尽量对被告多做说服工作，争取其自愿从遗产中给予蒋秀蓉适当照顾，如调解不成，即判决驳回蒋秀蓉的诉讼请求。

以上意见，供参考。

遗嘱继承和遗赠

遗嘱公证细则

（2000 年 3 月 24 日　司法部令第 57 号）

第一条　为规范遗嘱公证程序，根据《中华人民共和国继承法》、《中华人民共和国公证暂行条例》等有关规定，制定本细则。

第二条　遗嘱是遗嘱人生前在法律允许的范围内，按照法律规定的方式处分其个人财产或者处理其他事务，并在其死亡时发生效力的单方法律行为。

第三条　遗嘱公证是公证处按照法定程序证明遗嘱人设立遗嘱行为真实、合法的活动。经公证证明的遗嘱为公证遗嘱。

第四条　遗嘱公证由遗嘱人住所地或者遗嘱行为发生地公证处管辖。

第五条　遗嘱人申办遗嘱公证应当亲自到公证处提出申请。

遗嘱人亲自到公证处有困难的，可以书面或者口头形式请求有管辖权的公证处指派公证人员到其住所或者临时处所办理。

第六条　遗嘱公证应当由两名公证人员共同办理，由其中一名公证员在公证书上署名。因特殊情况由一名公证员办理时，应当有一名见证人在场，见证人应当在遗嘱和笔录上签名。

见证人、遗嘱代书人适用《中华人民共和国继承法》第十八条的规定。

第七条　申办遗嘱公证，遗嘱人应当填写公证申请表，并提交下列证件和材料：

（一）居民身份证或者其他身份证件；

（二）遗嘱涉及的不动产、交通工具或者其他有产权凭证的财产的产权证明；

（三）公证人员认为应当提交的其他材料。

遗嘱人填写申请表确有困难的，可由公证人员代为填写，遗嘱人应当在申请表上签名。

第八条 对于属于本公证处管辖，并符合前条规定的申请，公证处应当受理。

对于不符合前款规定的申请，公证处应当在三日内作出不予受理的决定，并通知申请人。

第九条 公证人员具有《公证程序规则（试行）》第十条规定情形的，应当自行回避，遗嘱人有权申请公证人员回避。

第十条 公证人员应当向遗嘱人讲解我国《民法通则》、《继承法》中有关遗嘱和公民财产处分权利的规定，以及公证遗嘱的意义和法律后果。

第十一条 公证处应当按照《公证程序规则（试行）》第二十三条的规定进行审查，并着重审查遗嘱人的身份及意思表示是否真实、有无受胁迫或者受欺骗等情况。

第十二条 公证人员询问遗嘱人，除见证人、翻译人员外，其他人员一般不得在场。公证人员应当按照《公证程序规则（试行）》第二十四条的规定制作谈话笔录。谈话笔录应当着重记录下列内容：

（一）遗嘱人的身体状况、精神状况；遗嘱人系老年人、间歇性精神病人、危重伤病人的，还应当记录其对事物的识别、反应能力；

（二）遗嘱人家庭成员情况，包括其配偶、子女、父母及与其共同生活人员的基本情况；

（三）遗嘱所处分财产的情况，是否属于遗嘱人个人所有，以前是否曾以遗嘱或者遗赠扶养协议等方式进行过处分，有无已设立担保、已被查封、扣押等限制所有权的情况；

（四）遗嘱人所提供的遗嘱或者遗嘱草稿的形成时间、地点和过程，是自书还是代书，是否本人的真实意愿，有无修改、补充，对遗产的处分是否附有条件；代书人的情况，遗嘱或者遗嘱草稿上的签名、盖章或者手印是否其本人所为；

（五）遗嘱人未提供遗嘱或者遗嘱草稿的，应当详细记录其处分遗产的意思表示；

（六）是否指定遗嘱执行人及遗嘱执行人的基本情况；

（七）公证人员认为应当询问的其他内容。

谈话笔录应当当场向遗嘱人宣读或者由遗嘱人阅读，遗嘱人无异议后，遗嘱人、公证人员、见证人应当在笔录上签名。

第十三条 遗嘱应当包括以下内容：

（一）遗嘱人的姓名、性别、出生日期、住址；

（二）遗嘱处分的财产状况（名称、数量、所在地点以及是否共有、抵押等）；

（三）对财产和其他事务的具体处理意见；

（四）有遗嘱执行人的，应当写明执行人的姓名、性别、年龄、住址等；

（五）遗嘱制作的日期以及遗嘱人的签名。

遗嘱中一般不得包括与处分财产及处理死亡后事宜无关的其他内容。

第十四条 遗嘱人提供的遗嘱，无修改、补充的，遗嘱人应当在公证人员面前确认遗嘱内容、签名及签署日期属实。

遗嘱人提供的遗嘱或者遗嘱草稿，有修改、补充的，经整理、誊清后，应当交遗嘱人核对，并由其签名。

遗嘱人未提供遗嘱或者遗嘱草稿的，公证人员可以根据遗嘱人的意思表示代为起草遗嘱。公证人员代拟的遗嘱，应当交遗嘱人核对，并由其签名。

以上情况应当记入谈话笔录。

第十五条 两个以上的遗嘱人申请办理共同遗嘱公证的，公证处应当引导他们分别设立遗嘱。

遗嘱人坚持申请办理共同遗嘱公证的，共同遗嘱中应当明确遗嘱变更、撤销及生效的条件。

第十六条 公证人员发现有下列情形之一的，公证人员在与遗嘱人谈话时应当录音或者录像：

（一）遗嘱人年老体弱；

（二）遗嘱人为危重伤病人；

（三）遗嘱人为聋、哑、盲人；

（四）遗嘱人为间歇性精神病患者、弱智者。

第十七条 对于符合下列条件的，公证处应当出具公证书：

（一）遗嘱人身份属实，具有完全民事行为能力；

（二）遗嘱人意思表示真实；

（三）遗嘱人证明或者保证所处分的财产是其个人财产；

（四）遗嘱内容不违反法律规定和社会公共利益，内容完备，文字表述准确，签名、制作日期齐全；

（五）办证程序符合规定。

不符合前款规定条件的，应当拒绝公证。

第十八条 公证遗嘱采用打印形式。遗嘱人根据遗嘱原稿核对后，应当在打印的公证遗嘱上签名。

遗嘱人不会签名或者签名有困难的，可以盖章方式代替在申请表、笔录和遗嘱上的签名；遗嘱人既不能签字又无印章的，应当以按手印方式代替签名或者盖章。

有前款规定情形的，公证人员应当在笔录中注明。以按手印代替签名或者盖章的，公证人员应当提取遗嘱人全部的指纹存档。

第十九条 公证处审批人批准遗嘱公证书之前，遗嘱人死亡或者丧失行为能力的，公证处应当终止办理遗嘱公证。

遗嘱人提供或者公证人员代书、录制的遗嘱，符合代书遗嘱条件或者经承办公证人员见证符合自书、录音、口头遗嘱条件的，公证处可以将该遗嘱发给遗嘱受益人，并将其复印件存入终止公证的档案。

公证处审批人批准之后，遗嘱人死亡或者丧失行为能力的，公证处应当完成公证遗嘱的制作。遗嘱人无法在打印的公证遗嘱上签名的，可依符合第十七条规定的遗嘱原稿的复印件制作公证遗嘱，遗嘱原稿留公证处存档。

第二十条 公证处可根据《中华人民共和国公证暂行条例》① 规定保管公证遗嘱或者自书遗嘱、代书遗嘱、录音遗嘱；也可根据国际惯例保管密封遗嘱。

第二十一条 遗嘱公证卷应当列为密卷保存。遗嘱人死亡后，转为普通卷保存。

公证遗嘱生效前，遗嘱卷宗不得对外借阅，公证人员亦不得对外

---

① 我国于2005年8月28日公布了《中华人民共和国公证法》。《公证暂行条例》已失效。

透露遗嘱内容。

第二十二条 公证遗嘱生效前，非经遗嘱人申请并履行公证程序，不得撤销或者变更公证遗嘱。

遗嘱人申请撤销或者变更公证遗嘱的程序适用本规定。

第二十三条 公证遗嘱生效后，与继承权益相关的人员有确凿证据证明公证遗嘱部分违法的，公证处应当予以调查核实；经调查核实，公证遗嘱部分内容确属违法的，公证处应当撤销对公证遗嘱中违法部分的公证证明。

第二十四条 因公证人员过错造成错证的，公证处应当承担赔偿责任。有关公证赔偿的规定，另行制定。

第二十五条 本细则由司法部解释。

第二十六条 本细则自2000年7月1日起施行。

公证程序规则

（2020年10月20日司法部令第145号公布 自2021年1月1日起施行）

第一章 总 则

第一条 为了规范公证程序，保证公证质量，根据《中华人民共和国公证法》（以下简称《公证法》）和有关法律、行政法规的规定，制定本规则。

第二条 公证机构办理公证，应当遵守法律，坚持客观、公正、便民的原则，遵守公证执业规范和执业纪律。

第三条 公证机构依法独立行使公证职能，独立承担民事责任，任何单位、个人不得非法干预，其合法权益不受侵犯。

第四条 公证机构应当根据《公证法》的规定，受理公证申请，办理公证业务，以本公证机构的名义出具公证书。

第五条 公证员受公证机构指派，依照《公证法》和本规则规定的程序办理公证业务，并在出具的公证书上署名。

依照《公证法》和本规则的规定，在办理公证过程中须公证员亲自办理的事务，不得指派公证机构的其他工作人员办理。

第六条 公证机构和公证员办理公证，不得有《公证法》第十三条、第二十三条禁止的行为。

公证机构的其他工作人员以及依据本规则接触到公证业务的相关人员，不得泄露在参与公证业务活动中知悉的国家秘密、商业秘密或者个人隐私。

第七条 公证机构应当建立、健全公证业务管理制度和公证质量管理制度，对公证员的执业行为进行监督。

第八条 司法行政机关依照《公证法》和本规则规定，对公证机构和公证员的执业活动和遵守程序规则的情况进行监督、指导。

公证协会依据章程和行业规范，对公证机构和公证员的执业活动和遵守程序规则的情况进行监督。

第二章　公证当事人

第九条 公证当事人是指与公证事项有利害关系并以自己的名义向公证机构提出公证申请，在公证活动中享有权利和承担义务的自然人、法人或者其他组织。

第十条 无民事行为能力人或者限制民事行为能力人申办公证，应当由其监护人代理。

法人申办公证，应当由其法定代表人代表。

其他组织申办公证，应当由其负责人代表。

第十一条 当事人可以委托他人代理申办公证，但申办遗嘱、遗赠扶养协议、赠与、认领亲子、收养关系、解除收养关系、生存状况、委托、声明、保证及其他与自然人人身有密切关系的公证事项，应当由其本人亲自申办。

公证员、公证机构的其他工作人员不得代理当事人在本公证机构申办公证。

第十二条 居住在香港、澳门、台湾地区的当事人，委托他人代理申办涉及继承、财产权益处分、人身关系变更等重要公证事项的，其授权委托书应当经其居住地的公证人（机构）公证，或者经司法部指定的机构、人员证明。

居住在国外的当事人，委托他人代理申办前款规定的重要公证事项的，其授权委托书应当经其居住地的公证人（机构）、我驻外使（领）馆公证。

第三章　公证执业区域

第十三条　公证执业区域是指由省、自治区、直辖市司法行政机关，根据《公证法》第二十五条和《公证机构执业管理办法》第十条的规定以及当地公证机构设置方案，划定的公证机构受理公证业务的地域范围。

公证机构的执业区域，由省、自治区、直辖市司法行政机关在办理该公证机构设立或者变更审批时予以核定。

公证机构应当在核定的执业区域内受理公证业务。

第十四条　公证事项由当事人住所地、经常居住地、行为地或者事实发生地的公证机构受理。

涉及不动产的公证事项，由不动产所在地的公证机构受理；涉及不动产的委托、声明、赠与、遗嘱的公证事项，可以适用前款规定。

第十五条　二个以上当事人共同申办同一公证事项的，可以共同到行为地、事实发生地或者其中一名当事人住所地、经常居住地的公证机构申办。

第十六条　当事人向二个以上可以受理该公证事项的公证机构提出申请的，由最先受理申请的公证机构办理。

第四章　申请与受理

第十七条　自然人、法人或者其他组织向公证机构申请办理公证，应当填写公证申请表。公证申请表应当载明下列内容：

（一）申请人及其代理人的基本情况；

（二）申请公证的事项及公证书的用途；

（三）申请公证的文书的名称；

（四）提交证明材料的名称、份数及有关证人的姓名、住址、联系方式；

（五）申请的日期；

（六）其他需要说明的情况。

申请人应当在申请表上签名或者盖章，不能签名、盖章的由本人捺指印。

第十八条 自然人、法人或者其他组织申请办理公证，应当提交下列材料：

（一）自然人的身份证明，法人的资格证明及其法定代表人的身份证明，其他组织的资格证明及其负责人的身份证明；

（二）委托他人代为申请的，代理人须提交当事人的授权委托书，法定代理人或者其他代理人须提交有代理权的证明；

（三）申请公证的文书；

（四）申请公证的事项的证明材料，涉及财产关系的须提交有关财产权利证明；

（五）与申请公证的事项有关的其他材料。

对于前款第四项、第五项所规定的申请人应当提交的证明材料，公证机构能够通过政务信息资源共享方式获取的，当事人可以不提交，但应当作出有关信息真实合法的书面承诺。

第十九条 符合下列条件的申请，公证机构可以受理：

（一）申请人与申请公证的事项有利害关系；

（二）申请人之间对申请公证的事项无争议；

（三）申请公证的事项符合《公证法》第十一条规定的范围；

（四）申请公证的事项符合《公证法》第二十五条的规定和该公证机构在其执业区域内可以受理公证业务的范围。

法律、行政法规规定应当公证的事项，符合前款第一项、第二项、第四项规定条件的，公证机构应当受理。

对不符合本条第一款、第二款规定条件的申请，公证机构不予受理，并通知申请人。对因不符合本条第一款第四项规定不予受理的，应当告知申请人向可以受理该公证事项的公证机构申请。

第二十条 公证机构受理公证申请后，应当指派承办公证员，并通知当事人。当事人要求该公证员回避，经查属于《公证法》第二十三条第三项规定应当回避情形的，公证机构应当改派其他公证员承办。

第二十一条 公证机构受理公证申请后，应当告知当事人申请公证事项的法律意义和可能产生的法律后果，告知其在办理公证过程中享有的权利、承担的义务。告知内容、告知方式和时间，应当记录归档，并由申请人或其代理人签字。

公证机构受理公证申请后，应当在全国公证管理系统录入办证信息，加强公证办理流程管理，方便当事人查询。

第二十二条 公证机构受理公证申请后，应当按照规定向当事人收取公证费。公证办结后，经核定的公证费与预收数额不一致的，应当办理退还或者补收手续。

对符合法律援助条件的当事人，公证机构应当按照规定减收或者免收公证费。

第五章 审 查

第二十三条 公证机构受理公证申请后，应当根据不同公证事项的办证规则，分别审查下列事项：

（一）当事人的人数、身份、申请办理该项公证的资格及相应的权利；

（二）当事人的意思表示是否真实；

（三）申请公证的文书的内容是否完备，含义是否清晰，签名、印鉴是否齐全；

（四）提供的证明材料是否真实、合法、充分；

（五）申请公证的事项是否真实、合法。

第二十四条 当事人应当向公证机构如实说明申请公证的事项的有关情况，提交的证明材料应当真实、合法、充分。

公证机构在审查中，对申请公证的事项的真实性、合法性有疑义的，认为当事人的情况说明或者提供的证明材料不充分、不完备或者有疑义的，可以要求当事人作出说明或者补充证明材料。

当事人拒绝说明有关情况或者补充证明材料的，依照本规则第四十八条的规定处理。

第二十五条 公证机构在审查中，对当事人的身份、申请公证的事项以及当事人提供的证明材料，按照有关办证规则需要核实或者对其有疑义的，应当进行核实，或者委托异地公证机构代为核实。有关单位或者个人应当依法予以协助。

审查自然人身份，应当采取使用身份识别核验设备等方式，并记录附卷。

第二十六条 公证机构在审查中，应当询问当事人有关情况，释明法律风险，提出法律意见建议，解答当事人疑问；发现有重大、复杂情形的，应当由公证机构集体讨论。

第二十七条 公证机构可以采用下列方式，核实公证事项的有关情况以及证明材料：

（一）通过询问当事人、公证事项的利害关系人核实；

（二）通过询问证人核实；

（三）向有关单位或者个人了解相关情况或者核实、收集相关书证、物证、视听资料等证明材料；

（四）通过现场勘验核实；

（五）委托专业机构或者专业人员鉴定、检验检测、翻译。

第二十八条 公证机构进行核实，应当遵守有关法律、法规和有关办证规则的规定。

公证机构派员外出核实的，应当由二人进行，但核实、收集书证的除外。特殊情况下只有一人外出核实的，应当有一名见证人在场。

第二十九条 采用询问方式向当事人、公证事项的利害关系人或者有关证人了解、核实公证事项的有关情况以及证明材料的，应当告知被询问人享有的权利、承担的义务及其法律责任。询问的内容应当制作笔录。

询问笔录应当载明：询问日期、地点、询问人、记录人，询问事由，被询问人的基本情况，告知内容、询问谈话内容等。

询问笔录应当交由被询问人核对后签名或者盖章、捺指印。笔录中修改处应当由被询问人盖章或者捺指印认可。

第三十条 在向当事人、公证事项的利害关系人、证人或者有关单位、个人核实或者收集有关公证事项的证明材料时，需要摘抄、复印（复制）有关资料、证明原件、档案材料或者对实物证据照相并作文字描述记载的，摘抄、复印（复制）的材料或者物证照片及文字描述记载应当与原件或者物证相符，并由资料、原件、物证所有人或者档案保管人对摘抄、复印（复制）的材料或者物证照片及文字描述记载核对后签名或者盖章。

第三十一条 采用现场勘验方式核实公证事项及其有关证明材料的，应当制作勘验笔录，由核实人员及见证人签名或者盖章。根据需要，可以采用绘图、照相、录像或者录音等方式对勘验情况或者实物证据予以记载。

第三十二条 需要委托专业机构或者专业人员对申请公证的文书或者公证事项的证明材料进行鉴定、检验检测、翻译的，应当告知当事人由其委托办理，或者征得当事人的同意代为办理。鉴定意见、检验检测结论、翻译材料，应当由相关专业机构及承办鉴定、检验检测、翻译的人员盖章和签名。

委托鉴定、检验检测、翻译所需的费用，由当事人支付。

第三十三条 公证机构委托异地公证机构核实公证事项及其有关证明材料的，应当出具委托核实函，对需要核实的事项及内容提出明确的要求。受委托的公证机构收到委托函后，应当在一个月内完成核实。因故不能完成或者无法核实的，应当在上述期限内函告委托核实的公证机构。

第三十四条 公证机构在审查中，认为申请公证的文书内容不完备、表达不准确的，应当指导当事人补正或者修改。当事人拒绝补正、修改的，应当在工作记录中注明。

应当事人的请求，公证机构可以代为起草、修改申请公证的文书。

第六章 出具公证书

第三十五条 公证机构经审查，认为申请公证的事项符合《公证法》、本规则及有关办证规则规定的，应当自受理之日起十五个工作日内向当事人出具公证书。

因不可抗力、补充证明材料或者需要核实有关情况的，所需时间不计算在前款规定的期限内，并应当及时告知当事人。

第三十六条 民事法律行为的公证，应当符合下列条件：

（一）当事人具有从事该行为的资格和相应的民事行为能力；

（二）当事人的意思表示真实；

（三）该行为的内容和形式合法，不违背社会公德；

（四）《公证法》规定的其他条件。

不同的民事法律行为公证的办证规则有特殊要求的，从其规定。

第三十七条 有法律意义的事实或者文书的公证，应当符合下列条件：

（一）该事实或者文书与当事人有利害关系；

（二）事实或者文书真实无误；

（三）事实或者文书的内容和形式合法，不违背社会公德；

（四）《公证法》规定的其他条件。

不同的有法律意义的事实或者文书公证的办证规则有特殊要求的，从其规定。

第三十八条 文书上的签名、印鉴、日期的公证，其签名、印鉴、日期应当准确、属实；文书的副本、影印本等文本的公证，其文本内容应当与原本相符。

第三十九条 具有强制执行效力的债权文书的公证，应当符合下列条件：

（一）债权文书以给付为内容；

（二）债权债务关系明确，债权人和债务人对债权文书有关给付内容无疑义；

（三）债务履行方式、内容、时限明确；

（四）债权文书中载明当债务人不履行或者不适当履行义务时，债务人愿意接受强制执行的承诺；

（五）债权人和债务人愿意接受公证机构对债务履行情况进行核实；

（六）《公证法》规定的其他条件。

第四十条 符合《公证法》、本规则及有关办证规则规定条件的公证事项，由承办公证员拟制公证书，连同被证明的文书、当事人提供的证明材料及核实情况的材料、公证审查意见，报公证机构的负责人或其指定的公证员审批。但按规定不需要审批的公证事项除外。

公证机构的负责人或者被指定负责审批的公证员不得审批自己承办的公证事项。

第四十一条 审批公证事项及拟出具的公证书，应当审核以下内容：

（一）申请公证的事项及其文书是否真实、合法；

（二）公证事项的证明材料是否真实、合法、充分；

（三）办证程序是否符合《公证法》、本规则及有关办证规则的规定；

（四）拟出具的公证书的内容、表述和格式是否符合相关规定。

审批重大、复杂的公证事项，应当在审批前提交公证机构集体讨论。讨论的情况和形成的意见，应当记录归档。

第四十二条 公证书应当按照司法部规定的格式制作。公证书包括以下主要内容：

（一）公证书编号；

（二）当事人及其代理人的基本情况；

（三）公证证词；

（四）承办公证员的签名（签名章）、公证机构印章；

（五）出具日期。

公证证词证明的文书是公证书的组成部分。

有关办证规则对公证书的格式有特殊要求的，从其规定。

第四十三条 制作公证书应当使用全国通用的文字。在民族自治地方，根据当事人的要求，可以同时制作当地通用的民族文字文本。两种文字的文本，具有同等效力。

发往香港、澳门、台湾地区使用的公证书应当使用全国通用的文字。

发往国外使用的公证书应当使用全国通用的文字。根据需要和当事人的要求，公证书可以附外文译文。

第四十四条 公证书自出具之日起生效。

需要审批的公证事项，审批人的批准日期为公证书的出具日期；不需要审批的公证事项，承办公证员的签发日期为公证书的出具日期；现场监督类公证需要现场宣读公证证词的，宣读日期为公证书的出具日期。

第四十五条 公证机构制作的公证书正本，由当事人各方各收执一份，并可以根据当事人的需要制作若干份副本。公证机构留存公证书原本（审批稿、签发稿）和一份正本归档。

第四十六条 公证书出具后，可以由当事人或其代理人到公证机构领取，也可以应当事人的要求由公证机构发送。当事人或其代理人收到公证书应当在回执上签收。

第四十七条 公证书需要办理领事认证的，根据有关规定或者当事人的委托，公证机构可以代为办理公证书认证，所需费用由当事人支付。

第七章　不予办理公证和终止公证

第四十八条　公证事项有下列情形之一的，公证机构应当不予办理公证：

（一）无民事行为能力人或者限制民事行为能力人没有监护人代理申请办理公证的；

（二）当事人与申请公证的事项没有利害关系的；

（三）申请公证的事项属专业技术鉴定、评估事项的；

（四）当事人之间对申请公证的事项有争议的；

（五）当事人虚构、隐瞒事实，或者提供虚假证明材料的；

（六）当事人提供的证明材料不充分又无法补充，或者拒绝补充证明材料的；

（七）申请公证的事项不真实、不合法的；

（八）申请公证的事项违背社会公德的；

（九）当事人拒绝按照规定支付公证费的。

第四十九条　不予办理公证的，由承办公证员写出书面报告，报公证机构负责人审批。不予办理公证的决定应当书面通知当事人或其代理人。

不予办理公证的，公证机构应当根据不予办理的原因及责任，酌情退还部分或者全部收取的公证费。

第五十条　公证事项有下列情形之一的，公证机构应当终止公证：

（一）因当事人的原因致使该公证事项在六个月内不能办结的；

（二）公证书出具前当事人撤回公证申请的；

（三）因申请公证的自然人死亡、法人或者其他组织终止，不能继续办理公证或者继续办理公证已无意义的；

（四）当事人阻挠、妨碍公证机构及承办公证员按规定的程序、期限办理公证的；

（五）其他应当终止的情形。

第五十一条　终止公证的，由承办公证员写出书面报告，报公证机构负责人审批。终止公证的决定应当书面通知当事人或其代理人。

终止公证的，公证机构应当根据终止的原因及责任，酌情退还部分收取的公证费。

第八章　特别规定

第五十二条　公证机构办理招标投标、拍卖、开奖等现场监督类公证，应当由二人共同办理。承办公证员应当依照有关规定，通过事前审查、现场监督，对其真实性、合法性予以证明，现场宣读公证证词，并在宣读后七日内将公证书发送当事人。该公证书自宣读公证证词之日起生效。

办理现场监督类公证，承办公证员发现当事人有弄虚作假、徇私舞弊、违反活动规则、违反国家法律和有关规定行为的，应当即时要求当事人改正；当事人拒不改正的，应当不予办理公证。

第五十三条　公证机构办理遗嘱公证，应当由二人共同办理。承办公证员应当全程亲自办理，并对遗嘱人订立遗嘱的过程录音录像。

特殊情况下只能由一名公证员办理时，应当请一名见证人在场，见证人应当在询问笔录上签名或者盖章。

公证机构办理遗嘱公证，应当查询全国公证管理系统。出具公证书的，应当于出具当日录入办理信息。

第五十四条　公证机构派员外出办理保全证据公证的，由二人共同办理，承办公证员应当亲自外出办理。

办理保全证据公证，承办公证员发现当事人是采用法律、法规禁止的方式取得证据的，应当不予办理公证。

第五十五条　债务人不履行或者不适当履行经公证的具有强制执行效力的债权文书的，公证机构应当对履约情况进行核实后，依照有关规定出具执行证书。

债务人履约、公证机构核实、当事人就债权债务达成新的协议等涉及强制执行的情况，承办公证员应当制作工作记录附卷。

执行证书应当载明申请人、被申请执行人、申请执行标的和申请执行的期限。债务人已经履行的部分，应当在申请执行标的中予以扣除。因债务人不履行或者不适当履行而发生的违约金、滞纳金、利息等，可以应债权人的要求列入申请执行标的。

第五十六条　经公证的事项在履行过程中发生争议的，出具公证书的公证机构可以应当事人的请求进行调解。经调解后当事人达成新的协议并申请公证的，公证机构可以办理公证；调解不成的，公证机构应当告知当事人就该争议依法向人民法院提起民事诉讼或者向仲裁机构申请仲裁。

第九章　公证登记和立卷归档

第五十七条　公证机构办理公证，应当填写公证登记簿，建立分类登记制度。

登记事项包括：公证事项类别、当事人姓名（名称）、代理人（代表人）姓名、受理日期、承办人、审批人（签发人）、结案方式、办结日期、公证书编号等。

公证登记簿按年度建档，应当永久保存。

第五十八条　公证机构在出具公证书后或者作出不予办理公证、终止公证的决定后，应当依照司法部、国家档案局制定的有关公证文书立卷归档和公证档案管理的规定，由承办公证员将公证文书和相关材料，在三个月内完成汇总整理、分类立卷、移交归档。

第五十九条　公证机构受理公证申请后，承办公证员即应当着手立卷的准备工作，开始收集有关的证明材料，整理询问笔录和核实情况的有关材料等。

对不能附卷的证明原件或者实物证据，应当按照规定将其原件复印件（复制件）、物证照片及文字描述记载留存附卷。

第六十条　公证案卷应当根据公证事项的类别、内容，划分为普通卷、密卷，分类归档保存。

公证案卷应当根据公证事项的类别、用途及其证据价值确定保管期限。保管期限分短期、长期、永久三种。

涉及国家秘密、遗嘱的公证事项，列为密卷。立遗嘱人死亡后，遗嘱公证案卷转为普通卷保存。

公证机构内部对公证事项的讨论意见和有关请示、批复等材料，应当装订成副卷，与正卷一起保存。

第十章　公证争议处理

第六十一条　当事人认为公证书有错误的，可以在收到公证书之日起一年内，向出具该公证书的公证机构提出复查。

公证事项的利害关系人认为公证书有错误的，可以自知道或者应当知道该项公证之日起一年内向出具该公证书的公证机构提出复查，但能证明自己不知道的除外。提出复查的期限自公证书出具之日起最长不得超过二十年。

复查申请应当以书面形式提出，载明申请人认为公证书存在的错误及其理由，提出撤销或者更正公证书的具体要求，并提供相关证明材料。

第六十二条 公证机构收到复查申请后，应当指派原承办公证员之外的公证员进行复查。复查结论及处理意见，应当报公证机构的负责人审批。

第六十三条 公证机构进行复查，应当对申请人提出的公证书的错误及其理由进行审查、核实，区别不同情况，按照以下规定予以处理：

（一）公证书的内容合法、正确、办理程序无误的，作出维持公证书的处理决定；

（二）公证书的内容合法、正确，仅证词表述或者格式不当的，应当收回公证书，更正后重新发给当事人；不能收回的，另行出具补正公证书；

（三）公证书的基本内容违法或者与事实不符的，应当作出撤销公证书的处理决定；

（四）公证书的部分内容违法或者与事实不符的，可以出具补正公证书，撤销对违法或者与事实不符部分的证明内容；也可以收回公证书，对违法或者与事实不符的部分进行删除、更正后，重新发给当事人；

（五）公证书的内容合法、正确，但在办理过程中有违反程序规定、缺乏必要手续的情形，应当补办缺漏的程序和手续；无法补办或者严重违反公证程序的，应当撤销公证书。

被撤销的公证书应当收回，并予以公告，该公证书自始无效。

公证机构撤销公证书或出具补正公证书的，应当于撤销决定作出或补正公证书出具当日报地方公证协会备案，并录入全国公证管理系统。

第六十四条 公证机构应当自收到复查申请之日起三十日内完成复查，作出复查处理决定，发给申请人。需要对公证书作撤销或者更正、补正处理的，应当在作出复查处理决定后十日内完成。复查处理决定及处理后的公证书，应当存入原公证案卷。

公证机构办理复查，因不可抗力、补充证明材料或者需要核实有关情况的，所需时间不计算在前款规定的期限内，但补充证明材料或者需要核实有关情况的，最长不得超过六个月。

第六十五条 公证机构发现出具的公证书的内容及办理程序有本规则第六十三条第二项至第五项规定情形的，应当通知当事人，按照本规则第六十三条的规定予以处理。

第六十六条 公证书被撤销的，所收的公证费按以下规定处理：

（一）因公证机构的过错撤销公证书的，收取的公证费应当全部退还当事人；

（二）因当事人的过错撤销公证书的，收取的公证费不予退还；

（三）因公证机构和当事人双方的过错撤销公证书的，收取的公证费酌情退还。

第六十七条 当事人、公证事项的利害关系人对公证机构作出的撤销或者不予撤销公证书的决定有异议的，可以向地方公证协会投诉。

投诉的处理办法，由中国公证协会制定。

第六十八条 当事人、公证事项的利害关系人对公证书涉及当事人之间或者当事人与公证事项的利害关系人之间实体权利义务的内容有争议的，公证机构应当告知其可以就该争议向人民法院提起民事诉讼。

第六十九条 公证机构及其公证员因过错给当事人、公证事项的利害关系人造成损失的，由公证机构承担相应的赔偿责任；公证机构赔偿后，可以向有故意或者重大过失的公证员追偿。

当事人、公证事项的利害关系人与公证机构因过错责任和赔偿数额发生争议，协商不成的，可以向人民法院提起民事诉讼，也可以申请地方公证协会调解。

第十一章　附　　则

第七十条 有关办证规则对不同的公证事项的办证程序有特殊规定的，从其规定。

公证机构采取在线方式办理公证业务，适用本规则。司法部另有规定的，从其规定。

第七十一条 公证机构根据《公证法》第十二条规定受理的提存、登记、保管等事务，依照有关专门规定办理；没有专门规定的，参照本规则办理。

第七十二条 公证机构及其公证员在办理公证过程中，有违反《公证法》第四十一条、第四十二条以及本规则规定行为的，由司法行政机关依据《公证法》、《公证机构执业管理办法》、《公证员执业管理办法》给予相应的处罚；有违反公证行业规范行为的，由公证协会给予相应的行业处分。

第七十三条 本规则由司法部解释。

第七十四条 本规则自2006年7月1日起施行。司法部2002年6月18日发布的《公证程序规则》（司法部令第72号）同时废止。

办理继承公证的指导意见

（2009年10月22日中国公证协会第五届常务理事会第九次会议通过）

第一条 为了规范公证机构办理继承公证事项，根据《中华人民共和国民法通则》、《中华人民共和国继承法》、《中华人民共和国公证法》、《公证程序规则》和有关法律、法规、规章以及《中国公证协会专业委员会业务规则制定程序》的规定，制定本指导意见。

第二条 当事人可以就继承被继承人某项遗产向公证机构申请办理继承公证，也可以就继承被继承人数项遗产一并向公证机构申请办理继承公证。

二个以上当事人继承同一遗产的，应当共同向一个公证机构提出公证申请。

第三条 当事人申请办理继承公证，应当提交下列材料：

（一）当事人的身份证件；

（二）被继承人的死亡证明；

（三）全部法定继承人的基本情况及与被继承人的亲属关系证明；

（四）其他继承人已经死亡的，应当提交其死亡证明和其全部法定继承人的亲属关系证明；

（五）继承记名财产的，应当提交财产权属（权利）凭证原件；

（六）被继承人生前有遗嘱或者遗赠扶养协议的，应当提交其全部遗嘱或者遗赠扶养协议原件；

（七）被继承人生前与配偶有夫妻财产约定的，应当提交书面约定协议；

（八）继承人中有放弃继承的，应当提交其作出放弃继承表示的声明书；

（九）委托他人代理申办公证的，应当提交经公证的委托书；

（十）监护人代理申办公证的，应当提交监护资格证明。

本条所称“死亡证明”，是指医疗机构出具的死亡证明；公安机关出具的死亡证明或者注明了死亡日期的注销户口证明；人民法院宣告死亡的判决书；死亡公证书。

本条所称“亲属关系证明”，是指被继承人或者继承人档案所在单位的人事部门出具的证明继承人与被继承人之间具有亲属关系的证明；基层人民政府出具的证明继承人与被继承人之间具有亲属关系的证明；公安机关出具的证明继承人与被继承人之间具有亲属关系的证明；能够证明相关亲属关系的婚姻登记证明、收养登记证明、出生医学证明和公证书。

第四条 当事人有合理理由无法提交本指导意见第三条规定的死亡证明或者亲属关系证明的，应当提交二件以上足以证明相关死亡事实或者相关亲属关系的其他证明材料。

当事人有合理理由无法提交财产权属（权利）凭证原件的，应当提交财产权属（权利）凭证制发部门出具的其他证明材料。

第五条 公证机构办理继承公证，除需要按照《公证程序规则》规定的事项进行审查外，还应当重点审查下列事项：

（一）当事人的身份是否属实；

（二）当事人与被继承人的亲属关系是否属实；

（三）被继承人有无其他继承人；

（四）被继承人和已经死亡的继承人的死亡事实是否属实；

（五）被继承人生前有无遗嘱或者遗赠扶养协议；

（六）申请继承的遗产是否属于被继承人个人所有。

第六条 对当事人提交的符合本指导意见第三条规定的材料，公证机构除需要按照《公证程序规则》的规定进行审查外，还应当采用下列方式对亲属关系证明、死亡证明和财产权属（权利）凭证原件进行重点核实：

（一）对亲属关系证明，应当向出具证明材料的单位核实；

（二）对死亡证明和财产权属（权利）凭证原件进行审查后有疑义的，应当向出具证明材料的单位核实。

第七条 对当事人提交的符合本指导意见第四条规定的其他证明材料，公证机构应当按照《公证程序规则》的规定，根据不同情况采用适当的方式进行审查。对证明相关死亡事实或者相关亲属关系的证明材料，公证机构应当向出具证明材料的单位或者个人核实。证明材料经核实，应当能够互相印证且能够共同证明被继承人或者其他继承人的死亡事实或者相关亲属关系。

第八条 公证机构办理继承公证，应当询问当事人并制作询问笔录。询问笔录除需要按照《公证程序规则》的规定应当载明的内容外，还应当载明下列内容：

（一）被继承人死亡的时间、地点、原因；

（二）被继承人生前工作单位、住址、婚姻状况；

（三）申请继承的遗产的来源、取得时间、权属及基本状况；

（四）被继承人全部法定继承人（包括尽了主要赡养义务的丧偶儿媳或者女婿）的姓名、性别、与被继承人的亲属关系、工作单位、住址。法定继承人已经死亡的，应当载明死亡的时间；

（五）在继承人以外有无依靠被继承人扶养的缺乏劳动能力又没有生活来源的人或者对被继承人扶养较多的人，有无需要为其保留遗产份额的胎儿；

（六）被继承人生前有无遗嘱或者遗赠扶养协议，有几份；

（七）继承人中有无表示放弃继承的。

第九条 公证机构办理继承公证，除需要按照《公证程序规则》的规定向当事人进行告知外，还应当重点告知下列内容：

（一）当事人隐瞒、遗漏继承人（包括有权分得适当遗产的其他人）的，或者隐瞒、遗漏被继承人遗嘱（遗赠扶养协议）的，应当承担相应的法律责任；

（二）继承遗产的，应当在继承遗产实际价值内清偿被继承人依法应当缴纳的税款和债务；

（三）遗嘱（遗赠扶养协议）附有义务的，继承人（受遗赠人）应当履行义务。

第十条 当事人申请办理继承金额（数量）不明的银行卡（证券资金账户）内钱款（证券）公证的，公证机构应当告知其先申请办理用途为查询卡（户）内金额（数量）的亲属关系公证，待金额（数量）确定后，公证机构可以为其办理继承公证。

当事人申请办理继承存放在银行保管箱内物品公证的，公证机构应当告知其先申请办理用途为查询保管箱内物品的亲属关系公证和开启保管箱清点物品的保全证据公证，待保管箱内属于被继承人所有的物品的种类和数量确定后，公证机构可以为其办理继承公证。

第十一条 当事人依照《中华人民共和国保险法》第四十二条的规定申请办理继承被继承人死亡保险金公证的，公证机构应当依照《中华人民共和国继承法》及本指导意见的有关规定为其办理继承公证。

第十二条 当事人申请办理继承有限责任公司股权公证的，公证机构应当告知其《中华人民共和国公司法》第七十六条的规定。

当事人申请办理继承有限责任公司股东资格公证的，应当提交公司章程和其现任职证明。公证机构应当审查公司章程对当事人继承股东资格有无限制性规定以及审查当事人所从事的职业是否限制其继承股东资格。根据公司章程和有关法律规定，当事人不能继承股东资格的，公证机构为其办理继承股权公证。

第十三条 当事人依照《中华人民共和国合伙企业法》第五十条和第八十条的规定申请办理继承合伙人财产份额或者合伙人资格公证的，公证机构参照本指导意见第十二条的规定办理。

第十四条 公证机构办理遗嘱继承公证，应当按照下列方式审查确认遗嘱的效力：

（一）遗嘱为公证遗嘱的，公证机构应当对遗嘱内容是否符合法律规定进行审查，并向全体法定继承人核实，核实的内容包括询问被继承人有无其他遗嘱或者遗赠扶养协议，法定继承人中有无缺乏劳动能力又没有生活来源的人。

法定继承人对公证机构的核实没有回复的，或者无法与法定继承人取得联系的，公证机构在对遗嘱进行审查后，可以确认遗嘱的效力；

（二）遗嘱为公证遗嘱以外的其他符合法定形式的遗嘱的，公证机构应当取得全体法定继承人对遗嘱内容无异议的书面确认，并经审查认为遗嘱的内容符合法律规定，可以确认遗嘱的效力；

（三）遗嘱为在境外所立的遗嘱的，公证机构应当根据法律、法规及司法部的有关规定确认遗嘱的效力。

第十五条 除《公证法》和《公证程序规则》规定的不予办理公证的情形外，有下列情形之一的，公证机构不予办理遗嘱继承公证：

（一）根据法律规定遗嘱继承人丧失继承权的；

（二）遗嘱经审查无效或者效力无法确认的；

（三）遗嘱处分的财产不属于被继承人个人所有或者被继承人生前已经处分了遗嘱所涉及的财产的；

（四）继承同一遗产，遗嘱继承人中有人未提出公证申请且又未作出放弃继承表示的；

（五）利害关系人与遗嘱继承人就遗嘱内容是否符合《中华人民共和国继承法》第十九条的规定有争议的；

（六）利害关系人有充分证据证明遗嘱继承人没有履行遗嘱所附义务的。

第十六条 除《公证法》和《公证程序规则》规定的不予办理公证的情形外，有下列情形之一的，公证机构不予办理法定继承公证：

（一）根据法律规定法定继承人丧失继承权的；

（二）被继承人生前所立遗嘱或者签订的遗赠扶养协议已经处分了法定继承人申请继承的遗产的；

（三）法定继承人中有人未提出公证申请且又未作出放弃继承表示的；

（四）法定继承人不能协助公证机构完成核实或者有关单位及个人拒绝协助公证机构进行核实的；

（五）法定继承人之间对法定继承人的范围、遗产的权属或者是否有适用《中华人民共和国继承法》第十二条、第十四条规定的人有争议的。

第十七条 继承人表示放弃继承的声明书应当亲自在公证员面前作出。继承人不能亲自到受理继承公证申请的公证机构作出放弃继承表示的，其表示放弃继承的声明书应当经过公证。

继承人表示放弃继承的，公证机构仅需审查继承人个人的意思表示。

第十八条 受遗赠人申请办理接受遗赠公证的，公证机构参照本指导意见有关办理遗嘱继承公证的规定办理。

第十九条 本指导意见由中国公证协会常务理事会负责解释。

最高人民法院关于对分家析产的房屋再立遗嘱变更产权，其遗嘱是否有效的批复

（1985 年 11 月 28 日 〔1985〕民他字第 12 号）

四川省高级人民法院：

你院〔85〕川法民字第 3 号《关于处理张家定、张家铭、张家慧诉张士国房屋产权纠纷一案的请示》收悉。关于建国前已经析产确权，能否再予以重新分割或立遗嘱继承等问题，经研究答复如下：张家定之祖父张文卿（张士国之父）于 1948 年将其家中自有房宅，除自己居住的一处外，其余四处均分给四个儿子。建国后由人民政府颁发了产权证。1953 年张文卿召开有镇政府干部参加的家庭会议，经协商，重新调整各自分得的房产，以清偿分家前的债务，立了经镇政府认可的“房屋分管字据”，均无异议。1955 年张文卿夫妇将调整给二儿媳的房产，又立遗嘱由四子张士国“继承”。1966 年巫溪县人民法院按“遗嘱”作了调解。二儿媳的女儿张家定等人不服，提起申诉。据上，我们认为，对张家在 1948 年析产后，经财产所有人共同协商，于 1953 年分家时达成的各自管业且已执行多年的房产协议，应予以维护。张文卿夫妇于 1955 年所立“遗嘱”无效。

此复

最高人民法院关于财产共有人立遗嘱处分自己的财产部分有效处分他人的财产部分无效的批复

（1986年6月20日　〔1986〕民他字第24号）

广东省高级人民法院：

你院〔86〕粤法民字第16号请示报告收悉。关于刘坚诉冯仲勤房屋继承一案，经研究，我们基本同意你院审判委员会讨论的第一种意见。双方讼争的房屋，原系冯奇生及女儿冯湛清、女婿刘卓三人所共有。冯奇生于1949年病故前，经女儿冯湛清同意，用遗嘱处分属于自己和冯湛清的财产是有效的。但是，在未取得产权共有人刘卓的同意下，遗嘱也处分了刘卓的那一份财产，因此，该遗嘱所涉及刘卓财产部分则是无效的。在刘卓的权利受到侵害期间，讼争房屋进行了社会主义改造，致使刘卓无法主张权利。现讼争房屋发还，属于刘卓的那份房产应归其法定继承人刘坚等依法继承。

最高人民法院关于中国公民接受外侨遗赠法律程序问题的批复

（1989年6月12日　〔1988〕民他字第26号）

黑龙江省高级人民法院：

你院（1988）民复字第13号函关于中国公民宁俊华申请接受苏侨比斯阔·维克托尔·帕夫洛维赤遗赠案件的请示，经我院审判委员会第404次会议讨论认为，可由哈尔滨市中级人民法院告知比斯阔的遗产代管部门，比斯阔将自己的个人财产遗赠给宁俊华、李成海，符合我国继承法的有关规定，对宁、李2人领受遗赠财产的请求应予允许。

如经告知，遗产代管部门仍阻碍公民合法权利的实现，宁俊华、李成海则可以遗产代管部门为被告向法院起诉，人民法院应按照普通程序进行审理，并适用继承法的有关规定。

最高人民法院关于向美琼、熊伟浩、熊萍与张凤霞、张旭、张林录、冯树义执行遗嘱代理合同纠纷一案的请示的复函

（2003 年 1 月 29 日　〔2002〕民一他字第 14 号）

陕西省高级人民法院：

你院《关于向美琼、熊伟浩、熊萍与张凤霞、张旭、张林录、冯树义执行遗嘱代理合同纠纷一案的请示报告》收悉。经研究认为，目前，《中华人民共和国民法通则》、《中华人民共和国继承法》对遗嘱执行人的法律地位、遗嘱执行人的权利义务均未作出相应的规定。只要法律无禁止性规定，民事主体的处分自己私权利行为就不应当受到限制。张凤霞作为熊毅武指定的遗嘱执行人，在遗嘱人没有明确其执行遗嘱所得报酬的情况下，与继承人熊伟浩、熊萍等人就执行遗嘱相关的事项签订协议，并按照该协议的约定收取遗嘱执行费，不属于《中华人民共和国律师法》第三十四条禁止的律师在同一案件中为双方当事人代理的情况，该协议是否有效，应当依据《中华人民共和国合同法》的规定进行审查。只要协议的签订出于双方当事人的自愿，协议内容是双方当事人真实的意思表示，不违反法律和行政法规的禁止性规定，就应认定为有效。如果熊伟浩、熊萍等人以张凤霞乘人之危，使其在违背真实意思表示的情况下签订协议为由，请求人民法院撤销或者变更该协议，应有明确的诉讼请求并提供相应的证据，否则，人民法院不宜主动对该协议加以变更或者撤销。

遗产的处理

遗赠扶养协议公证细则

（1991 年 4 月 3 日　司发〔1991〕047 号）

第一条　为规范遗赠扶养协议公证程序，根据《中华人民共和国民法通则》、《中华人民共和国继承法》、《中华人民共和国公证暂行条例》、《公证程序规则（试行）》，制订本细则。

第二条　遗赠扶养协议是遗赠人和扶养人为明确相互间遗赠和扶养的权利义务关系所订立的协议。

需要他人扶养并愿将自己的合法财产全部或部分遗赠给扶养人的为遗赠人，对遗赠人尽扶养义务并接受遗赠的人为扶养人。

第三条　遗赠扶养协议公证是公证处依法证明当事人签订遗赠扶养协议真实、合法的行为。

第四条　遗赠人必须是具有完全民事行为能力、有一定的可遗赠的财产、并需要他人扶养的公民。

第五条　扶养人必须是遗赠人法定继承人以外的公民或组织，并具有完全民事行为能力、能履行扶养义务。

第六条　遗赠扶养协议公证，由遗赠人或扶养人的住所地公证受理。

第七条　办理遗赠扶养协议公证，当事人双方应亲自到公证处提出申请，遗赠人确有困难，公证人员可到其居住地办理。

第八条　申办遗赠扶养协议公证，当事人应向公证处提交以下证件和材料：

（一）当事人遗赠扶养协议公证申请表；

（二）当事人的居民身份证或其他身份证明；

（三）扶养人为组织的，应提交资格证明、法定代表人身份证明，代理人应提交授权委托书；

（四）村民委员会、居民委员会或所在单位出具的遗赠人的家庭成员情况证明；

（五）遗赠财产清单和所有权证明；

（六）村民委员会、居民委员会或所在单位出具的扶养人的经济情况和家庭和成员情况证明；

（七）扶养人有配偶的，应提交其配偶同意订立遗赠扶养协议的书面意见；

（八）遗赠扶养协议；

（九）公证人员认为应当提交的其他材料。

第九条 符合下列条件的申请，公证处应予受理：

（一）当事人身份明确，具有完全民事行为能力；

（二）当事人就遗赠扶养协议事宜达成协议；

（三）当事人提交了本细则第八条规定的证件和材料；

（四）该公证事项属于本公证处管辖。

对不符合前款规定条件的申请，公证处应作出不予受理的决定，并通知当事人。

第十条 公证人员接待当事人，应按《公证程序规则》（试行）第二十四条规定制作笔录，并着重记录下列内容：

（一）遗赠人和扶养人的近亲情况、经济情况；

（二）订立遗赠扶养协议的原因；

（三）遗赠人遗赠财产的名称、种类、数量、质量、价值、坐落或存放地点，产权有无争议，有无债权债务及处理意见；

（四）扶养人的扶养条件、扶养能力、扶养方式，及应尽的义务；

（五）与当事人共同生活的家庭成员意见；

（六）遗赠财产的使用保管方法；

（七）争议的解决方法；

（八）违约责任；

（九）公证人员认为应当记录的其他内容。

公证人员接待当事人，须根据民法通则和继承法等有关法律，向当事人说明签订遗赠扶养协议的法律依据，协议双方应承担的义务和享有的权利，以及不履行义务承担的法律责任。

第十一条 遗赠扶养协议应包括下列主要内容：

（一）当事人的姓名、性别、出生日期、住址，扶养人为组织的应写明单位名称、住址、法定代表人及代理人的姓名；

（二）当事人自愿达成协议的意思表示；

（三）遗赠人受扶养的权利和遗赠的义务；扶养人受遗赠的权利和扶养的义务，包括照顾遗赠人的衣、食、住、行、病、葬的具体措施及责任田、口粮田、自留地的耕、种、营、收和遗赠财产的名称、种类、数量、质量、价值、坐落或存放地点、产权归属等。

（四）遗赠财产的保护措施或担保人同意担保的意思表示；

（五）协议变更、解除的条件和争议的解决方法；

（六）违约责任。

第十二条 遗赠扶养协议公证，除按《公证程序规则（试行）》第二十三条规定的内容审查外，应着重审查下列内容：

（一）当事人之间有共同生活的感情基础，一般居住在同一地；

（二）当事人的意思表示真实、协商一致，协议条款完备，权利义务明确、具体、可行；

（三）遗赠的财产属遗赠人所有，产权明确无争议；财产为特定的，不易灭失；

（四）遗赠人的债权债务有明确的处理意见；

（五）遗赠人有配偶并同居的，应以夫妻共同为一方签订协议；

（六）扶养人有配偶的，必须征得配偶的同意；

（七）担保人同意担保的意思表示及担保财产；

（八）公认人员认为应当查明的其他情况。

第十三条 符合下列条件的遗赠扶养协议，公证处应出具公证书；

（一）遗赠人和扶养人具有完全民事行为能力；

（二）当事人意思表示真实、自愿；

（三）协议内容真实、合法，条款完备，协议内容明确、具体、可行，文字表述准确；

（四）办证程序符合规定。

不符合前款规定条件的，应当拒绝公证，并在办证期限内将拒绝的理由通知当事人。

第十四条 订立遗赠扶养协议公证后，未征得扶养人的同意，遗赠人不得另行处分遗赠的财产，扶养人也不得干涉遗赠人处分未遗赠的财产。

第十五条 无遗赠财产的扶养协议公证，参照本细则办理。

第十六条 本细则由司法部负责解释。

第十七条 本细则自1991年5月1日起施行。

最高人民法院关于王晏和房屋继承申诉案的批复

（1985年4月27日 〔85〕法民字第10号）

湖北省高级人民法院：

你院1984年11月12日鄂法（83）民监字第12号关于王晏和房屋继承申诉一案的请示报告及所附案卷五宗均收悉。经研究我们认为：

申诉人王晏和虽然自幼随母吴秀依靠堂姑王秀珊扶助长大，但他一直与生母吴秀保持母子关系，与王秀珊之间不存在养母子关系，故王晏和不应成为王秀珊的合法继承人。第三人颜竹香、吴秀长期与王秀珊居住在一起共同生活，共同劳动，应属于亲友间的互相扶助，她们之间不存在继承与被继承的关系。因此，严家巷7号房屋，不论是属于王顺和夫妇的遗产，还是属于王秀珊的遗产，王照清和王瑞珍都享有继承权利，讼争之房屋应由王照清和王瑞珍继承。但是考虑到颜竹香、吴秀母子与王秀珊曾经多年共同生活的实际情况，可从遗产中给予适当照顾。

最高人民法院关于父母的房屋遗产由兄弟姐妹中一人领取了房屋产权证并视为己有产生纠纷应如何处理的批复

（1987年6月15日 〔1987〕民他字第16号）

广东省高级人民法院：

你院粤法民字〔1987〕31号关于惠阳地区中级人民法院请示的上诉人钟秋香、钟玉妹诉钟寿祥房屋纠纷一案的报告及卷宗收悉。

据你院报告称：钟和记（1941年故）与妻子苏衬（1926年故）、继妻王细（1984年故）先后生有4个女儿，即：钟妙（1976年故）、钟秋香、钟玉妹、钟秋胜（1981年故）。1940年钟和记与王细夫妇收养了钟寿祥（当时12岁）。1939年、1940年钟和记和王细购置房屋6间。钟和记死后，由王细、钟玉妹、钟秋香、钟寿祥等长期居住。1973年钟秋香将自己居住的那部分房屋进行了改建。钟寿祥曾以自己的名字，于1947年、1953年、1960年先后领取了6间房屋所有权证。王细于1984年死后，钟寿祥便在1985年将部分房屋拆除改建，并将其中部分房屋宅基地给其子使用，为此，双方发生纠纷。

经研究，同意你院审判委员会的意见。即根据该房产的来源及使用等情况，以认定该屋为钟和记和王细的遗产，属钟秋香、钟玉妹、钟寿祥、钟妙、钟秋胜五人共有为宜。钟寿祥以个人名义领取的产权证，可视为代表共有人登记取得的产权证明。钟妙、钟秋胜已故，其应得部分由其合法继承人继承。

以上意见供你院批复时参考。此复。

最高人民法院关于冯钢百遗留的油画等应如何处理的批复

（1987年6月17日　〔1987〕民他字第17号）

广东省高级人民法院：

你院（1986）粤法民上字第38号关于冯贵真与冯学平等四人继承纠纷一案的请求报告收悉。

据报告称，画家冯钢百于一九八四年十月病逝后，其子女为其父所绘油画三十二幅和绘画工具等的处理发生争执：冯贵真要求继承部分油画；冯学平等四人则认为，其父是我国著名的油画家，所遗油画有一定的艺术价值，不同意分割，主张按其父的遗愿将油画全部献给国家。为此，冯贵真向人民法院提起诉讼。

经与有关部门研究后认为，冯钢百生前所绘油画虽有一定艺术价值，但仍属可分割的遗产，他生前表示将其油画献给国家的意愿不是遗嘱。因此，冯钢百遗留的油画等遗产应根据我国继承法的有关规定，由其子女冯贵真、冯约素、冯振玉、冯磊、冯学平等人继承。

最高人民法院关于产权人生前已处分的房屋死后不应认定为遗产的批复

（1987 年 6 月 24 日 〔1987〕民他字第 37 号）

贵州省高级人民法院：

你院《关于陶冶与邓秀芳财产继承一案的请示报告》收悉。据报告称，陶庭柱、陶齐氏夫妇生育一子（陶国祥）二女（陶冶，另一女早亡），陶庭柱于 1924 年死亡，遗有祖遗房屋三间，陶齐氏于 1941 年将三间房屋过户在儿子陶国祥名下并交了该房产权状。解放后该房产权仍由陶国祥登记，并管理使用达四十余年，直至 1968 年陶齐氏死亡时，双方均未提出异议，1983 年陶国祥死亡后，陶冶以房屋系父母遗产为由要求继承。一、二审判决认定陶冶无权继承此房，你院裁定将此案发回安顺地区中级法院再审，并向我院请示。

我们研究认为，此案论争房屋虽系祖遗产，但陶齐氏已将产权状交与陶国祥，并在两次产权登记和私房改造中，均确定由陶国祥长期管理使用，陶冶在陶齐氏生前从未提出异议。据此应当认为该房产权早已转归陶国祥夫妻共有。陶国祥死后的遗产，依法应由邓秀芳及其子女继承。陶冶无权要求继承。

最高人民法院民事审判庭关于盲人刘春和生前从事“算命”所积累的财产死后可否视为非法所得加以没收的电话答复

（1987年10月14日 〔1987〕民他字第22号）

江苏省高级人民法院：

关于盲人刘春和生前从事“算命”所积累的财产，死后可否视为非法所得加以没收的请示，我们研究认为：

《中华人民共和国治安管理处罚条例》第二十四条第四款“利用封建迷信手段，扰乱社会秩序或骗取财物”和第三十二条第一款“赌博或者为赌博提供条件的”，对这两种行为人予以拘留或罚款。据公安部法规局、政策研究室的同志解释，是指正在进行非法活动之时，对其所得予以没收，对其其他财产则不予追缴。本案中刘春和死后遗留的财产，没有没收的法律依据。第二，事实上也无充分的事实根据和确凿的证据证明刘春和死后遗留这笔财产都是“算命”所得。据此，我们同意你院审委会的意见，即：刘春和遗留的存款和其他财产，应视为遗产，由其法定继承人继承。

最高人民法院关于继承开始时继承人未表示放弃继承遗产又未分割的可按析产案件处理的批复

（1987年10月17日 〔1987〕民他字第12号）

江苏省高级人民法院：

你院《关于费宝珍、费江诉周福祥析产一案的请示报告》收悉。

据你院报告称：费宝珍与费翼臣婚生三女一子，在无锡市有房产一处共 241.2 平方米。1942 年长女费玉英与周福祥结婚后，夫妻住在费家，随费宝珍生活。次女费秀英、三女费惠英相继于 1950 年以前出嫁，住在丈夫家。1956 年费翼臣、费宝珍及其子费江迁居安徽，无锡的房产由长女一家管理使用。1958 年私房改造时，改造了 78.9 平方米，留自住房 162.3 平方米。1960 年费翼臣病故，费宝珍、费江迁回无锡，与费玉英夫妇共同住在自留房内，分开生活。1962 年费玉英病故。1985 年 12 月，费宝珍、费江向法院起诉，称此房为费家财产，要求周福祥及其子女搬出。周福祥认为，其妻费玉英有继承父亲费翼臣的遗产的权利，并且已经占有、使用 40 多年，不同意搬出。原审在调查过程中，费秀英、费惠英也表示应有她们的产权份额。

我们研究认为，双方当事人诉争的房屋，原为费宝珍与费翼臣的夫妻共有财产，1958 年私房改造所留自住房，仍属于原产权人共有。费翼臣病故后，对属于费翼臣所有的那一份遗产，各继承人都没有表示过放弃继承，根据《继承法》第二十五条第一款的规定，应视为均已接受继承。诉争的房屋应属各继承人共同共有，他们之间为此发生之诉讼，可按析产案件处理，并参照财产来源、管理使用及实际需要等情况，进行具体分割。

最高人民法院关于刘士庚诉定州市东赵庄乡东赵庄村委会白银纠纷案的批复

（1988 年 4 月 20 日　〔1988〕民他字第 12 号）

河北省高级人民法院：

你院（88）冀法民字第 1 号关于刘士庚诉定州市东赵庄乡东赵庄村委会白银纠纷一案的请求报告收悉。

据你院报告称：双方争执的白银系刘士庚的祖父刘洛纯所埋。土改时，刘洛纯被定为地主，其被没收的房屋由东赵庄村委会使用至今。1986 年 10 月，刘士庚之夫刘运凯向定州市政府提出，其妻刘士庚的祖父临终前告诉他们，在被没收的三间南房东头屋内埋有白银一坛，要求挖掘。经市、区、乡政府同意，刘运凯等前往东赵庄村与村委会干部一同挖掘未获。村委会经向知情人调查了解后，即组织人员在南房西头一间内挖出白银一坛，计2401块。刘士庚为白银的归属与村委会发生纠纷诉至法院，要求返还掘获的银元。

经我们研究认为：根据《民法通则》第七十九条第一款及我院《关于贯彻执行〈民法通则〉若干问题的意见（试行）》第九十三条规定的精神，争执的白银应归埋藏人刘洛纯所有，由其法定继承人依法继承。在处理时，对挖掘过程中提供过条件、帮助的单位和个人，可酌情予以适当的补偿。

此复

最高人民法院关于孙世界、孙世明与孙洪武等人房屋继承申诉案的复函

（1990年2月5日　〔89〕民他字第46号）

河北省高级人民法院：

你院冀民〔1989〕150号关于孙世界、孙世明与孙洪武、孙洪德、孙淑芹房屋继承申诉一案，对土改时祖遗房产填写土地房产所有证后的产权确认问题的请示报告收悉。经研究，我们同意你院的第一种意见，即双方诉争之六间房产系祖遗房产，其父辈孙履忠、孙履坦兄弟2人未曾分家析产。在土改填发土地房产所有证时，孙履坦将该房产填写在自己名下，但未载明家庭人数，据土改干部证明："该房是哥俩的，土地证填写谁的名都行。"因此，该房产应视为孙履忠、孙履坦之父遗产，按先析产后继承的原则处理为宜。具体如何分割，请根据实际情况酌定。

以上意见，供参考。

最高人民法院关于对从香港调回的被继承人的遗产如何处理的函

（1990 年 4 月 12 日　〔1990〕民他字第 9 号）

福建省高级人民法院：

你院〔1989〕闽法民他字第 24 号“关于福建省福鼎县法院受理的林泽莘等诉林丛析产纠纷案的请示报告”收悉。经研究，答复如下：

一、被继承人林泽芸的遗产从香港调回后，被告林丛违反“通过协商解决”的一致协议，私自将遗嘱继承后剩余的遗产以自己的名义存入银行，原告要求分割遗产提起诉讼，应以继承纠纷立案审理。

二、被继承人林泽芸与被告林丛的养母子关系可予认定。但对遗产的处理，应根据被继承人生前真实意愿和权利义务相一致的原则，参照继承法第 14 条规定的精神，分给林泽莘、林传壁、林传绶等人适当的遗产。

最高人民法院民事审判庭关于王敬民诉胡宁声房屋继承案的复函

（1990 年 8 月 13 日　〔1990〕民他字第 6 号）

江西省高级人民法院：

你院《关于复查王敬民诉胡宁声房屋继承案请示报告》收悉。经我们研究认为，胡国珍 1951 年 1 月死亡后其所遗景德镇市原中山路 522 号房屋，早已于同年经民政部门调解，达成了由胡济清和倪锦芳各继承一半的协议，当时倪锦芳作为继承人和王敬民的监护人有权行使此项权利。1953 年据此协议，由政府发证、确权。这些早已发生效力的法律行为，不应当再予推翻。因此本案再作继承案件处理不当。

最高人民法院关于向勋珍与叶学枝房屋纠纷案的复函

（1990 年 11 月 15 日　（90）民他字第 45 号）

贵州省高级人民法院：

你院（90）民请字第 7 号《关于向勋珍与叶学枝房屋纠纷一案的请示报告》收悉。经研究认为；宁国锋夫妇于 1929 年、1946 年先后死亡，所遗房屋由三子宁让祥一家一直居住至今，其他子女宁福英、宁雪冰、宁让贤于 1986 年以前先后死亡，他们生前均未表示放弃继承。根据我国《继承法》第 25 条和我院《关于贯彻执行〈中华人民共和国民法通则〉若干问题的意见（试行）》第 177 条的规定和该案具体情况，宁氏姐弟对其父母所遗房产可视为接受继承，并对未分割的房产享有共有权。据此，我们基本同意你院的第二种意见，即宁雪冰之妻向勋珍现提出分割共有房屋，可按分割共同财产的诉讼请求处理。但鉴于叶学枝一家居住、使用房屋达四十多年等情况，为稳定住房秩序，可由叶学枝给予向勋珍等继承人适当补偿。

以上意见，供参考。

最高人民法院关于空难死亡赔偿金能否作为遗产处理的复函

（2005 年 3 月 22 日　〔2004〕民一他字第 26 号）

广东省高级人民法院：

你院粤高法民一请字〔2004〕1 号《关于死亡赔偿金能否作为遗产处理的请示》收悉。经研究，答复如下：

空难死亡赔偿金是基于死者死亡对死者近亲属所支付的赔偿。获得空难死亡赔偿金的权利人是死者近亲属，而非死者。故空难死亡赔偿金不宜认定为遗产。

以上意见，供参考。

分家析产协议（参考文本）[1]

甲方：×××（姓名、性别、出生日期、民族、工作单位、住址、身份证号）。甲方×××系下列当事人之父亲。

乙方：×××（姓名、性别、出生日期、民族、工作单位、住址、身份证号）。乙方×××系甲方×××之子，丙方×××和丁方×××之哥哥。

丙方：×××（姓名、性别、出生日期、民族、工作单位、住址、身份证号）。丙方×××系甲方×××之子，乙方×××之弟弟，丁方×××之哥哥。

丁方：×××（姓名、性别、出生日期、民族、工作单位、住址、身份证号）。丁方×××系甲方×××之子，乙方×××和丙方×××之弟弟。

甲方、乙方、丙方、丁方先前一同生活，现甲方、乙方、丙方、丁方均提出分家、独自生活的要求，在甲方、乙方、丙方、丁方四方协商一致，在见证人×××的见证下，达成以下协议：

一、家庭共有财产有位于××市××区××路××小区×单元×号楼××室房屋一套，及存款人民币×元整。

二、甲方分得×元存款；乙方分得位于××市××区××路××小区×单元×号楼××室房屋一套所有权；丙方分得×元存款；丁方分得遗留下来的所有家电、家具。

三、甲方去世后，所留现金由×、×方继承，×、×方应平均合理地继承。

四、以上所签订的协议合法、有效，各方当事人出于完全自愿。

五、本协议自签订之日起生效。

---

① 参见卢明生：《婚姻家庭文书诉状实例》，中国法制出版社2012年版，第28页。

甲方（亲笔签字）：×××

年　月　日

乙方（亲笔签字）：×××

年　月　日

丙方（亲笔签字）：×××

年　月　日

丁方（亲笔签字）：×××

年　月　日

见证人（亲笔签字）：×××

年　月　日

遗赠扶养协议书

（参考文本）

遗赠方：×××，（性别），××岁，××族，××市×区人，无子女，现住××市×区×街×号。

扶养方：××，（性别），××岁，××族，××市×县人，××市×（职位），现住×市×区×街×号。

当事人×××与××系××关系。×××年老体弱，没有子女，孤身一人，生活上需要人照顾。××自愿承担照顾老人的义务，直至老人去世。为了明确双方权利义务关系，经共同商定，达成如下协议：

一、×××随××共同生活。在×××有生之年，由××负责照顾其衣食、起居和医病等。×××去世后，由××负责丧葬事宜。

二、×××在××区×街×号有私房×间、厨房×间（房产所有证××××号），赠与××名下为业。×××去世之日，赠与生效，房屋产权开始转移。

三、×××赠与之房产，在其有生之年不得转卖、出租、转赠等；××应尊敬老人，保证×××幸福地度过晚年。

四、此协议自签订之日起生效。在履行协议过程中，一方有违背协议的行为，另一方可以提出终止协议并提出赔偿损失的要求。

以上协议，当事人均属自愿，保证遵照执行。特委托××市××律师事务所律师×××代书协议书一式3份（当事人各执1份，律师事务所留存1份）。

遗赠人：×××（印）

扶养人：×　×（印）

代书人：××市××律师事务所（章）

律　师：×××（印）

年　月　日

遗　　嘱

（参考文本）

【遗　　嘱】

立遗嘱人：身份证号：性别：住所：

婚姻状况：已婚，配偶______

兹郑重申明，将本人所有以前订立之遗嘱、遗嘱修订附件及遗嘱性质的产权处置，无论书面或口头，全部作废，并以该遗嘱为本人最后之遗嘱。

一、本人名下位于______室的房产，产权证号：房地______字（______）第______号，本人愿将上述房产作为遗产由______继承。

二、本人将本人名下的所有现金及银行存款、贵重物品、家具电器等全部属于本人的动产作为遗产由______继承。

三、本人的遗产先用于支付本人丧葬费用，后事交由______全权办理。

四、遗嘱一式贰份，一份由______持有，一份由______持有，此嘱。

立遗嘱人：______

____年____月____日

填写说明：

1. 立遗嘱人的姓名、身份证号、住所、性别、婚姻状况应写明。

2. 立遗嘱人的资产，包括现金、银行账户、股票、保险金、房地产、古董、珠宝首饰、汽车、股份等等，均需详细准确列明。

3. 继承人的身份、名称、关系等也应写明。

夫妻共同财产和个人财产的计算公式

（1）夫妻共同财产的计算公式

公式一：

夫妻共同财产 = 约定的共同财产 + 法定的共同财产

公式二：

法定的夫妻共同所有财产 = 工资 + 奖金 + 劳务收入 + 生产、经营、投资的收益 + 知识产权的收益 + 未确定由特定一方继承或者受赠的财产 + 住房补贴 + 住房公积金 + 基本养老金 + 破产安置补偿费 + 购置的财产 + 取得的债权 + 复员费（部分） + 军人自主择业费（部分） + 其他应当归共同所有的财产（以上各项均为婚姻关系存续期间取得的）

① 工资、奖金和劳务收入的计算公式

工资、奖金和劳务收入 = 工资 + 奖金 + 红包 + 红利 + 津贴 + 互助金 + 餐补 + 服装费 + 其他劳务收入

② 生产、经营、投资的收益计算公式

生产、经营、投资的收益 = 劳动收入 + 资本收益（如股票债券收入，经营个体工商户的收益、经营企业的收益、入股收益等，包括股份、股权等）

③ 知识产权的收益计算公式

知识产权的收益＝实际取得＋已经明确可以取得的财产性收益

④ 继承或者受赠的财产计算要点

遗嘱或赠与合同中没有确定只归夫或妻一方的财产（继承权是在婚姻关系存续期间取得或者接受赠与是在婚姻关系存续期间）

⑤ 复员费、转业费、军人自主择业费（部分）计算公式

属于夫妻共同财产的复员费、转业费、自主择业费＝夫妻婚姻关系存续年限×年平均值

年平均值＝复员费、转业费、自主择业费总额÷（70－军人入伍时实际年龄）

⑥ 其他应当归共同所有的财产计算公式

其他应当归共同所有的财产＝一方以个人财产投资取得的收益＋男女双方实际取得或者应当取得的基本养老金＋破产安置补偿费＋住房补贴＋住房公积金＋共同财产购买的房产＋购置的财产＋其他

（2）夫妻个人所有财产的计算公式

公式一：

夫妻个人所有的财产＝约定的个人所有的财产＋法定夫妻个人所有的财产

公式二：

法定夫妻个人所有的财产＝一方的婚前财产＋一方因受到人身损害获得的＋遗嘱或者赠与合同中确定只归一方的财产＋一方专用的生活用品＋其他应当归一方的财产

① 夫妻一方个人财产的计算要点

夫妻一方个人财产不因婚姻关系的延续而转化为夫妻共同财产（当事人另有约定的除外）

② 一方因受到人身损害获得的赔偿或者补偿计算公式

一方因受到人身损害获得的赔偿或者补偿＝医疗费＋残疾人生活补助费＋精神抚慰金＋一次性工伤伤残补助金＋交通补助费＋营养补助费＋住院伙食补助费＋护理费＋假肢安装费＋军人的伤亡保险金＋军人伤残补助金＋军人医药生活补助费＋其他一方因受到人身损害而获得的赔偿或者补偿

继承纠纷诉讼流程图

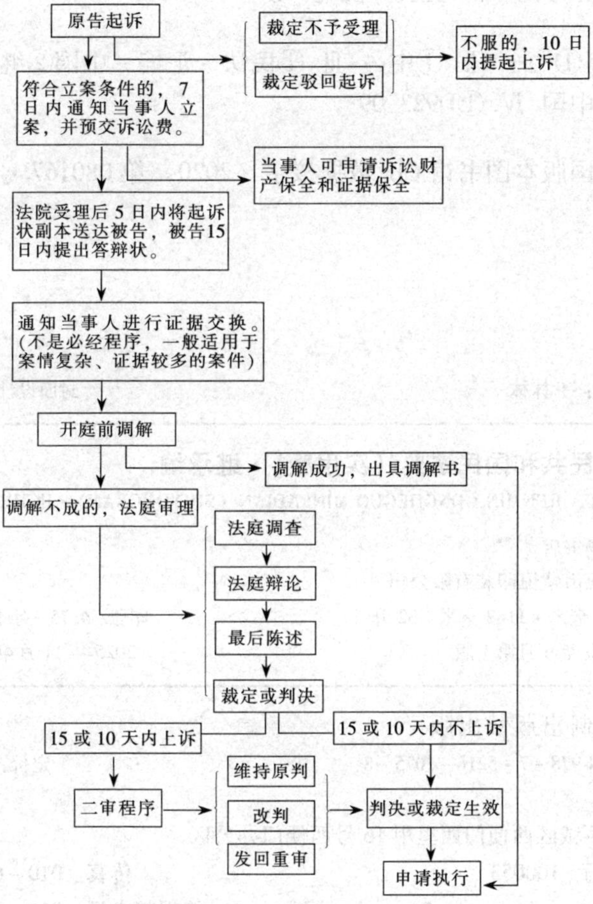
原告起诉
裁定不予受理
裁定驳回起诉
不服的，10日内提起上诉
符合立案条件的，7日内通知当事人立案，并预交诉讼费。
当事人可申请诉讼财产保全和证据保全
法院受理后5日内将起诉状副本送达被告，被告15日内提出答辩状。
通知当事人进行证据交换。(不是必经程序，一般适用于案情复杂、证据较多的案件)
开庭前调解
调解成功，出具调解书
调解不成的，法庭审理
法庭调查
法庭辩论
最后陈述
裁定或判决
15或10天内上诉
15或10天内不上诉
二审程序
维持原判
改判
发回重审
判决或裁定生效
申请执行

图书在版编目（CIP）数据

中华人民共和国民法典：实用版. 继承编 / 中国法制出版社编 . —北京：中国法制出版社，2020（2025. 11 重印）

ISBN 978 - 7 - 5216 - 1075 - 8

Ⅰ. ①中… Ⅱ. ①中… Ⅲ. ①民法 - 汇编 - 中国②继承法 - 中国 Ⅳ. ①D923. 09

中国版本图书馆 CIP 数据核字（2020）第 080167 号

责任编辑：王林林　　封面设计：杨泽江

中华人民共和国民法典（实用版）· 继承编

ZHONGHUA RENMIN GONGHEGUO MINFADIAN（SHIYONGBAN）· JICHENGBIAN

经销/新华书店

印刷/三河市紫恒印装有限公司

开本/850 毫米 × 1168 毫米　32 开　　印张/ 4. 75　字数/ 106 千

版次/2020 年 6 月第 1 版　　2025 年 11 月第 7 次印刷

中国法制出版社出版

书号 ISBN 978 - 7 - 5216 - 1075 - 8　　定价：13. 00 元

北京市西城区西便门西里甲 16 号西便门办公区

邮政编码：100053　　传真：010 - 63141600

网址：http：//www. zgfzs. com　　编辑部电话：010 - 63141672

市场营销部电话：010 - 63141612　　总编室电话：010 - 63141606

（如有印装质量问题，请与本社总编室联系。）